진짜 부산 100

진짜 부산 100

초판 1쇄 발행 2015년 6월 8일
초판 2쇄 발행 2016년 4월 19일
2판 1쇄 발행 2016년 11월 10일

지은이 문철진 최영지
펴낸이 신주현 이정희
디자인 조성미

펴낸곳 미디어샘
출판등록 2009년 11월 11일 제311-2009-33호

주소 03345 서울시 은평구 통일로 856 메트로타워 1117호
전화 02) 355-3922 | 팩스 02) 6499-3922
전자우편 mdsam@mdsam.net

ISBN 978-89-6857-040-7 14980
      978-89-6857-041-4 (SET)

이 책의 판권은 지은이와 미디어샘에 있습니다.
이 책 내용의 전부 또는 일부를 재사용하려면 반드시 양측의 서면 동의를 받아야 합니다.

www.mdsam.net

일러두기
이 책에 소개된 모든 맛집은 일체의 협찬 또는 광고를 배제하였습니다.
소개된 곳의 지도는 QR코드로 쉽게 찾아볼 수 있도록 배려하였습니다.
〈찾아보기〉에서 테마별 여행을 위해 도움이 될 정보를 담았습니다.
이 책에 소개된 맛집의 영업시간은 현지 사정에 따라 변동될 수 있습니다.

현지인처럼 여행하자!

진짜 부산 100

문철진 | 최영지 지음

미디어샘

프롤로그

'진짜' 부산 여행, 100가지 버킷리스트

바다를 끼고 있는 부산은 연중 온화한 해양성기후를 보여줍니다.
여름에는 30도를 넘는 날이 거의 없고 겨울에도
영하로 떨어지는 날을 찾기 어렵습니다.
사시사철 바닷바람이 부는 덕에 공기는 언제나 상쾌하고 하늘은 맑고 푸릅니다.
여름엔 시원하고 겨울엔 따뜻한 해안도시 미국 캘리포니아 날씨와 참 많이 닮았습니다.
요즘 들어 부산 바닷가에서 서핑을 즐기는 사람들이 부쩍 늘어나
서핑 천국인 캘리포니아와 더욱 자주 비교됩니다.
부산포니아(부산+캘리포니아)라는 별명이 생겨난 이유를 알 것 같습니다.

마냥 살기 좋은 곳으로만 알았던 부산이
요즘에는 관광도시로 더욱 주목 받고 있습니다. 세계적인 영화제로 우뚝 솟은
부산국제영화제를 필두로 하와이 와이키키 해변도 울고 갈 해운대해수욕장과
홍콩 야경도 부럽지 않은 마린시티 마천루, 쇼핑 메카 센텀시티,
제주도 올레길에 버금가는 갈맷길 등 세계 어디에 내놓아도 손색없는
관광 명소들이 속속 생겨나면서 부산은 요즘 여행가들 사이에서
가장 뜨거운 여행지로 떠올랐습니다.

부산사람들이 사랑하는 돼지국밥과 밀면을 찾아
부산으로 달려오는 먹방여행족도 부쩍 늘었습니다.
〈친구〉와 〈해운대〉〈변호인〉〈국제시장〉 등
부산에서 촬영한 영화들이 잇따라 천만 관객을 돌파하면서
영화 촬영지를 찾는 관광객들도 폭발적으로 늘고 있습니다.
가히 부산여행 전성시대입니다.

부산을 찾는 여행객들이 기하급수적으로 늘면서
관련 정보도 폭포수처럼 쏟아지고 있습니다.
블로그와 SNS 등을 통해 전해지는 부산여행 정보들은
이제 일일이 찾아보기도 힘들 지경입니다.
인터넷 공간을 떠도는 수없이 많은 맛집과 관광, 쇼핑 명소들 가운데
내게 꼭 맞는 정보가 무엇인지 판단하기는 너무 어렵습니다.
생각 이상으로 부정확한 정보도 많습니다.
그렇다고 매번 시행착오를 반복하며 스스로 깨우칠 수도 없는 노릇입니다.
그래서 우리는 '진짜' 정보를 가려줄 전문가가 필요합니다.

부산에서 태어나 지금까지 살고 있는 두 사람이 의기투합했습니다.
부산에서 활동하는 사진가와 레저전문기자입니다.
누구보다 부산을 잘 알고 있는 두 저자가 1년 넘게 부산 구석구석을 누비며
부산의 특별한 장소들을 찾아냈습니다.
부산의 정취가 물씬 풍기는 곳에서부터 부산의 맛이 가득 담긴 음식점,
부산을 온몸으로 느낄 수 있는 여행지, 로컬들만 아는 비밀스러운 장소까지
모두 100개의 버킷리스트를 완성했습니다.

가장 부산다운 곳, 그래서 부산사람들이 추천하고 또 인정하는 곳이
리스트의 우선 순위였습니다. 하지만 부산이 낯선 여행자들의 마음을 늘 생각하며
리스트를 채워갔습니다. 걷기여행과 맛집탐방, 카페투어와 골목길 기행 등
새로운 여행의 트렌드를 충분히 반영했습니다.
정확하고 믿을 수 있는 정보만 담기 위해 같은 장소를 두 번 세 번 방문하는 것은
기본이었고 음식도 몇 번씩 먹어보며 취재했습니다.
덕분에 제작비가 상상 이상으로 많아졌지만
그래서 더욱 자신 있게 책을 세상에 내놓을 수 있게 됐습니다.

여러분이 할 일은 딱 하나.
지역별로 정리된 100개의 버킷리스트 중에서 하고 싶은 것을 고르기만 하면 됩니다.
그것마저 귀찮다면 테마별로 정리된 짧은 버킷리스트를 보시면 됩니다.
야경투어와 먹방투어, 아이와 함께 하는 여행, 부모님과 함께 하는 여행 등
취향이나 상황에 따라 고를 수 있는 다양한 주제가 책 뒤에 정리되어 있습니다.
그대로 따라 하기만 하면 되는 추천 여행 일정도 꼼꼼하게 만들어두었습니다.
지역별 일일 투어 코스를 잘 엮어서 나만의 부산여행 일정을 만들어봐도 좋습니다.
나머지는 이 책에 맡기세요. 《진짜 부산 100》을 통해
누구도 경험하지 못했던 진짜 부산을 만나게 되리라 감히 자신합니다.

여러분의 멋진 부산여행을 응원하며
부산에서 문철진, 최영지

프롤로그 · 4

해운대 · 센텀시티
마천루와 바다 그리고 쇼핑 천국

001	문탠로드	14	016	해운대 '더베이 101'	44
002	'옵스OPS'	16	017	청사포	46
003	파라다이스호텔 로비라운지	18	018	'수민이네'	48
004	수영만요트경기장	20	019	누리마루APEC하우스	50
005	'할매집 원조복국'	22	020	동백섬	52
006	동백섬 선착장	24	021	달맞이공원 카페촌	54
007	영화의 거리	26	022	웨스틴조선호텔부산 파노라마 라운지	56
008	고은사진미술관	28	023	파크하얏트부산 라운지 바	58
009	'거대'	30	024	센텀시티 '더 파티'	60
010	'루카'	32	025	'신세계백화점 센텀시티'	62
011	'젠스시'	34	026	영화의 전당	64
012	파라다이스호텔 '씨메르'	36	027	망미동 '엘올리브'	66
013	동해남부선 폐선로	38	028	갈맷길 2코스 1구간	68
014	마산계낙찜	40			
015	부산국제영화제	42			

● 두 발로 걷는 부산여행, 갈맷길 투어 70

CONTENTS

광안리
젊음이 넘실대는 활기찬 해변

029	민락동 '정원 해물탕'	86
030	이기대 해안산책로	88
031	남천동 '덩굴 아나고'	90
032	광안대교	92
033	광안리해수욕장	94
034	부산국제불꽃축제	96
035	민락수변공원	98
036	남천동 '이안'	100
037	경성대 '재즈클럽 몽크'	102
038	경성대 '아인하이트'	104
039	스카이라운지 '씨갈'	106

● 부산, 어떻게 갈까?　108

남포동 · 영도
부산의 참 멋을 느낄 수 있는 원도심

040	영도대교	114
041	자갈치시장 '경북대구횟집'	116
042	BIFF 광장	118
043	건어물도매시장	120
044	광복동 부산트리문화축제	122
045	보수동 책방골목	124
046	감천문화마을	126
047	부평깡통야시장	128
048	봉래동 '삼진어묵베이커리'	130
049	국립해양박물관	132
050	절영해안산책로	134
051	영선동 흰여울길	136
052	초량 이바구길	138
053	초량 '오스테리아부부'	140
054	부산시티투어버스	142

055	초량 '중남해'	144	066	송정 '송정집'	172
056	중앙동 40계단 테마거리	146	067	'롯데몰 동부산점'	174
057	부평동 '공순대'	148	068	기장포구 이색 등대	176
058	부산공동어시장	150	069	기장 드림성당	178
059	임시수도기념관	152	070	대변~월전 해안도로	180
060	천마산조각공원	154	071	대변항	182
061	초량 산복도로	156
062	송도해수욕장	158

● **부산의 대중교통 이용하기 A-Z**   **160**

동래 · 서면
역사와 전통이 살아 숨쉬는 동네

기장 · 송정
로컬들이 사랑하는 호젓한 바닷가

072	복천동 '동래할매파전'	186
073	수안동 '돼지팥빙수'	188
074	범일동 '할매국밥'	190
063	송정해수욕장	166	075	명륜동 '르몽드'	192
064	'송정서핑학교'	168	076	온천동 '수가화랑'	194
065	기장 연화리 해녀촌	170	077	동래온천노천족탕	196
			078	사직동 '엘레오스'	198

079	온천장 '중앙온천'	**200**
080	금정산성버스	**202**
081	동래읍성임진왜란역사관	**204**
082	부산대 '뉴숯불'	**206**
083	동래 온천천	**208**
084	사직야구장	**210**
085	수안동 '다래성'	**212**
086	〈국제신문〉과 〈부산일보〉	**214**
087	부산시민공원	**216**
088	초읍 삼광사	**218**
089	개금동 '개금밀면'	**220**
090	서면 전포카페거리	**222**
091	사직동 '오륙도횟집'	**224**
092	금정산 범어사	**226**
093	부산대 '유가네닭갈비' 본점	**228**
094	범일동 매축지마을	**230**

- **영화의 도시 부산에서 즐기는 스크린 명소 여행** **232**

서부산
낙동강 따라 이야기가 샘솟는

095	구포5일장	**245**
096	화명동 '금갈치은고등어'	**247**
097	낙동강하구에코센터	**249**
098	다대포해수욕장	**251**
099	아미산전망대	**253**
100	다대포 꿈의 낙조 분수	**255**

테마별 여행 찾아보기

- **부산을 충분히 만끽하는 1박 2일!** **257**
- **부산, 이제 테마별로 여행가자!** **263**
- **봄 여름 가을 겨울, 계절마다 새로운 부산!** **279**
- **맛집 이름으로 찾아보기** **283**
- **지도로 찾아보기** **284**
- **부산 지하철 노선도** **300**

[해운대 권역]

- **09:00** 부산역 도착
- **10:00** 007 영화의 거리 사진 놀이
- **11:00** 020 동백섬 산책
  019 누리마루APEC하우스 앞마당 거닐기
- **12:00** 011 젠스시에서 부산 최고 스시 맛보기
- **14:00** 021 달맞이공원 카페촌에서 커피 한 잔
- **15:00** 017 청사포에서 CF 같은 기념 사진 찍기
- **16:00** 013 동해남부선 폐선로 걷기(청사포 → 해운대)
- **18:00** 014 마산게낙찜에서 매콤한 게낙찜 먹기 or
  009 해운대 거대에서 육즙의 향연 즐기기
- **20:00** 016 더베이 101에서 마린시티 야경 보며 시원한 생맥주 마시기

[센텀시티 권역]

- **09:00** 부산역 도착
- **10:00** 025 신세계백화점에서 신나게 쇼핑
- **12:00** 027 엘올리브에서 부산이 담긴 이탈리아 요리 맛보기
- **14:00** 008 고은사진미술관에서 사진 작품 감상하기
- **16:00** 028 마천루 속 갈맷길 걷기
- **18:00** 035 민락수변공원에서 광안대교 야경 보며 회 먹기 or
  024 센텀시티 더 파티에서 식탐의 한계 경험하기
- **20:00** 026 영화의 전당 야경 즐기기

해운대 · 센텀시티

마천루와 바다 그리고 쇼핑 천국

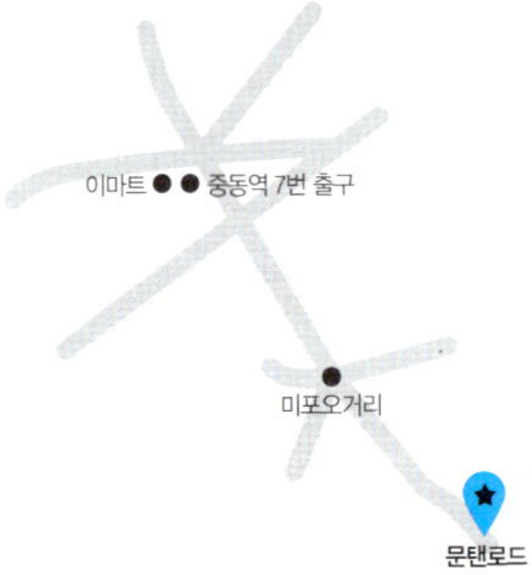

이마트 ● ● 중동역 7번 출구

미포오거리

문탠로드

위치	부산광역시 해운대구 중동 991-29
내비게이션	달맞이고개, 달맞이길, 문탠로드
가는 법	지하철 2호선 중동역 7번 출구 → 미포오거리 지나 문탠로드 시작점까지 1.2km(도보 15분)
전화	051-749-4065(해운대구청)
이때 가면 딱 좋아!	4월 초
주변 여행지	해운대해수욕장, 달맞이공원, 해월정, 해마루, 청사포, 미포 할매집 원조복국

<u>001</u>

벚꽃 흩날리는 밤 달빛 아래 로맨틱한 산책하기
문탠로드

바다를 끼고 해운대 미포에서 송정해수욕장까지
굽이굽이 이어지는 달맞이길은 부산의 멋을 가장 잘 느낄 수 있는 곳이다.
달맞이길에서 바라보는 저녁달은 운치가 넘쳐서
예로부터 대한팔경의 하나로 손꼽히기도 했다.
짙푸른 녹음과 푸른 바다, 시원한 바닷바람과 짭쪼름한 갯내음이 물씬 풍기는
달맞이길을 걷지 않고서야 어찌 부산을 여행했다 할 수 있을까.
특히 벚꽃이 흩날리는 봄,
달빛을 따라 한 걸음 한 걸음 내딛는 로맨틱한 산책로는
부산 사람들이 가장 추천하는 여행 코스다.

위치
부산광역시 해운대구 우동 1433 카멜리아 상가 1층 옵스 카멜리아오뜨점
내비게이션
옵스 카멜리아오뜨점
가는 법
지하철 2호선 동백역 1번 출구 → 동백사거리 방면 450m 이동 → 동백사거리에서 우회전 → 카멜리아오뜨 현대아파트 1층(도보 10분)
전화
051-743-1950
영업시간
오전 8시~밤 11시
주변 여행지
해운대해수욕장, 마린시티, 동백섬, 누리마루APEC하우스

002

외지인도 반한 부산 베이커리 옵스에서 달달한 추억 만들기
'옵스OPS'

'비엔씨'와 함께 부산 베이커리의 양대산맥인 '옵스'.
전국의 빵돌이, 빵순이들이 부산 여행에서 빼놓지 않고 다녀갈 만큼
명성이 자자한 곳이다.
주 메뉴인 바게트와 식빵이 나오는 아침 시간에는
가게 앞에 사람들이 길게 줄을 늘어서는 장관이 펼쳐지기도 한다.
커스터드 크림이 가득 들어 있는
달콤하면서도 상큼한 슈는 무조건 먹어보자.

위치
부산광역시 해운대구 중동 1408-5
(주)파라다이스호텔 신관 1층 로비라운지
내비게이션
파라다이스호텔부산
가는 법
지하철 2호선 해운대역 5번 출구→해운대해수욕장 방면으로 직진 후 해변도로 건너 좌회전→파라다이스호텔부산까지 200m(도보 15분)
전화
051-749-2230
(busan.paradisehotel.co.kr)
영업시간
오후 2시~5시
가격
2인 45,000~53,000원
주변 여행지
해운대해수욕장, 부산아쿠아리움, 달맞이길, 바나나롱갤러리, 동백섬, 누리마루APEC하우스

003

달콤한 애프터눈 티와 함께 느긋한 오후 보내기
파라다이스호텔 로비라운지

해운대 지역의 특급 호텔들이 최근 들어
경쟁적으로 애프터눈 티 서비스를 내놓기 시작했다.
파라다이스호텔을 필두로 웨스틴조선호텔, 그랜드호텔, 파크하얏트부산까지
호텔의 자존심을 걸고 애프터눈 티 대결을 펼치고 있다.
맛이나 분위기, 서비스의 질, 가격 등을 종합해볼 때
파라다이스호텔 로비라운지 크리스탈 가든의 애프터눈 티 세트에 후한 점수를 주고 싶다.
차도 고급스럽지만 베이커리도 수준급이다.
점심으로 먹어도 충분할 만큼 양도 많다.
애프터눈 티와 함께 여유로운 부산의 오후를 즐겨보자.

위치	부산광역시 해운대구 우1동 1393 수영만요트경기장
내비게이션	수영만요트경기장, 부산요트경기장
가는 법	지하철 2호선 동백역 3번 출구→500m 직진 후 수영만요트경기장 쪽으로 좌회전→요트경기장까지 300m(도보 15분)
전화	051-741-6440(부산시체육시설관리사업소)
주변 여행지	부산영화촬영스튜디오, 시네마테크부산, 벡스코, 영화의 전당, 시립미술관, 부산 영화의 거리, 고은사진미술관, 파크하얏트부산

___004___

홍콩보다 더 멋진 해운대 마천루 야경에 감탄하기
수영만요트경기장

수영만요트경기장에서 바라보는 해운대 마린시티 야경은
부산의 밤 풍경을 완전히 바꾸어놓았다.
흔히들 백만 불짜리 야경이라 부르는 홍콩 야경도
명함을 내밀지 못할 마천루들의 향연이 매일 밤 펼쳐진다.
고급 요트들이 고층 빌딩 앞에 정박해 있는 모습은
외국의 항구도시를 연상케 한다.
부산 여행 추천 0순위!

위치
부산광역시 해운대구 중1동 957-1
내비게이션
할매집 원조복국
가는 법
지하철 2호선 중동역 7번 출구→미포오거리까지 650m 직진 후 해운대해수욕장 방면으로 우회전→할매집 원조복국까지 250m(도보 15분)
전화
051-747-7625
영업시간
24시간
주변 여행지
해운대해수욕장, 부산아쿠아리움, 달맞이길, 파라다이스호텔, 동해남부선 폐선부지, 오륙도 유람선

005

시원한 복국으로 쓰린 속 달래기
'할매집 원조복국'

해산물이 풍부한 부산은 해장도 대개 생선을 끓인 국으로 한다.

가장 대중적인 해장국은 복으로 맑게 끓인 복지리.

미나리 향을 머금은 시원한 국물 한 사발이면

아무리 지독한 술병도 단번에 물리칠 수 있다.

추운 겨울 뜨끈한 국물로 속을 달래고 싶을 때도 복국이 최고.

해운대 미포의 '할매집 원조복국'은

부산국제영화제에 참가하는 영화배우들의 해장국집으로도 유명하다.

위치	부산광역시 해운대구 우동 722-2
내비게이션	동백섬누리마루주차장
가는 법	지하철 2호선 동백역 1번 출구→웨스틴조선호텔 방면 450m 직진→웨스틴조선호텔 입구에서 누리마루 주차장 방면 우회전(도보 10분)
전화	051-749-7621(해운대관광시설관리사업소)
이때 가면 딱 좋아!	6월~8월
주변 여행지	동백섬, 해운대해수욕장, 누리마루APEC하우스, 더베이 101, OPS, 웨스틴조선호텔

006

비 그친 오후 마술 같이 펼쳐진 마린시티 야경 촬영하기

동백섬 선착장

초고층 건물들이 빼곡하게 들어선 마린시티는
부산을 대표하는 야경 명소로 각광 받고 있다.
마린시티 야경을 한눈에 조망할 수 있는 동백섬 선착장은
그래서 1년 365일 관광객들이 끊이지 않는다.
특히 비가 그친 오후에는 바닥에 고인 물에 비친 마린시티 야경을 찍기 위해
전국의 사진가들이 구름처럼 몰려든다.
카메라를 최대한 바닥에 가깝게 해서 촬영하면
물에 비친 마린시티 야경을 쉽게 찍을 수 있다.

주소	부산광역시 해운대구 우동 부산 영화의 거리
내비게이션	부산 영화의 거리, 파크하얏트부산
가는 법	지하철 2호선 동백역 3번 출구 → 대우마리나 1차 아파트 끼고 좌회전 후 직진 → 부산 영화의 거리까지 800m(도보 10분)
전화	051-749-5602(해운대구청)
주변 여행지	수영만 요트경기장, 시네마테크부산, 부산 영화의 거리, 고은사진미술관, 동백섬, 파크하얏트부산, 마산게낙찜(해물찜)

007

화창한 오후 산토리니 광장 거닐며 사진놀이하기

영화의 거리

홍콩 침샤추이에 스타의 거리가 있다면 부산 해운대에는 영화의 거리가 있다.
마린시티 해안도로를 따라 조성된 영화의 거리는
천만 관객을 동원한 한국 영화 포스터와 주요 장면, 배우와 감독의 핸드프린팅,
영화 관련 조형물 등을 다양하게 선보인다.
특히 그리스 산토리니를 모티프로 만든 산토리니 광장은
시원한 부산 바다와 어우러져 이국적인 분위기를 물씬 풍긴다.
날씨 좋은 날 사진 놀이를 즐기기에 딱 좋은 포인트!

위치	부산광역시 해운대구 우2동 1005-17 고은사진미술관
내비게이션	고은사진미술관, 고은컨템포러리사진미술관
가는 법	지하철 2호선 동백역 3번 출구→300m 직진 후 승당삼거리에서 좌회전→길 건너 대우동삼아파트 입구에 위치(도보 15분)
전화	051-746-0055
운영 시간	오전 10시~오후 6시, 매주 월요일 휴무
입장료	무료
주변 여행지	수영만요트경기장, 부산 영화의 거리, 마린시티, 동백섬, 해운대해수욕장, 시립미술관

008

세심하게 디자인한 최고의 사진 갤러리 찾아 사진 작품 감상하기

고은사진미술관

고은사진미술관은 지역 최초의 사진 전문 미술관이다.
신관인 고은사진미술관과 본관인 고은컨템포러리사진미술관 2곳으로 나뉘어
수준 높은 사진 전시를 선보이고 있다.
두 곳 모두 자연광이 사진에 미치는 영향까지 세심하게 배려해 디자인한 덕에
최상의 환경에서 사진 작품을 감상할 수 있다.
사진을 좋아하는 사람이라면 절대 빼놓을 수 없는 스팟이다.

위치
부산광역시 해운대구 중동 1139-4
내비게이션
거대
가는 법
지하철 2호선 해운대역 3번 출구 → 해운대해수욕장 방면으로 이동 → 해안도로에서 좌회전 후 직진 → 해운대온천사거리에서 달맞이길 방면으로 우회전 → 거대까지 100m(도보 15분)
전화
051-746-0037
영업시간
오전 11시 30분~밤 10시
가격
양념갈비 점심특선 1인 33,000원
주변 여행지
해운대해수욕장, 부산아쿠아리움, 미포, 해운대유람선, 달맞이길, 바나나롱갤러리, 동해남부선 폐선부지

009

최상급 한우가 선사하는 육즙의 향연에 빠져들기
'거대'

최근에 지방 포함도로 고기 등급을 정하는 것에 이견이 많다.
하지만 하얗게 눈꽃처럼 핀 마블링을 보면 저절로 침이 고이는 건 어쩔 수 없다.
제대로 된 숯불에 연기가 옷에 배지 않는 신포 로스터까지 갖췄다면 말이 필요 없다.
'고기느님'을 입속에서 영접하면 저절로 미소가 피어난다.
가격을 고려하지 않으면 육식자들에게는 천국 같은 곳이다.
고기로 혀를 즐겁게 했다면 위를 푸근하게 만들 차례.
심심한데 자꾸 당기는 냉면이 있다.
냉면지옥이라 불리는 부산에서 맛객들의 사랑을 받고 있다.
빼놓지 말아야 할 것은 고기로만 끓여내는 곰탕이다. 맑은 국물에 감칠맛이 살아 있다.
잡내 없이 손질한 내장도 들어 있고 고기 양도 정할 수 있다.
뱃살에 대해선 하루만 생각하지 말기로 하자.

위치	부산광역시 해운대구 중1동 1376-13 1, 2층
내비게이션	루카
가는 법	지하철 2호선 해운대역 1번 출구→직진 후 삼거리에서 우회전→파리바게뜨 앞에서 좌회전, 해운대성당 방면 골목으로 진입 → 해운대성당 뒤편 골목에 위치(도보 15분)
전화	051-744-3570
영업시간	오전 11시~밤 10시
주변 여행지	해운대해수욕장, 해운대시장, 스펀지스퀘어(쇼핑센터), 젠스시, 거대(한우숯불갈비), 달맞이길

010

국내 유일의 포토북카페에서 사진 공부해보기
'루카'

해운대성당 인근에 위치한 작은 카페 '루카'.
문을 열고 들어가면 낯선 풍경에 흠칫 놀라게 된다.
한쪽 벽면을 가득 채운 사진 책들 때문이다.
사진작가이자 평론가인 진동선 씨가 운영하는 '루카'는 국내 유일의 포토북카페다.
진동선 씨가 소장하던 1천여 권의 사진집과 사진 관련 책들을 마음껏 볼 수 있고
작가의 강의도 들을 수 있는 공간으로 부산의 사진 아지트로 통한다.

위치	부산광역시 해운대구 중동 209-1
내비게이션	젠스시
가는 법	지하철 2호선 중동역 8번 출구→90m 직진 후 골목길로 우회전→해운대 한일아파트 방면으로 직진→젠스시까지 700m(도보 15분)
전화	051-746-7456
영업시간	낮 12시~밤 10시(브레이크 타임 오후 3시~오후 5시)
가격	스시오마카세 70,000원(점심) 90,000원(저녁), 젠스시 초밥 40,000원(점심) 55,000원(저녁)
주변 여행지	해운대해수욕장, 달맞이길, 미포, 동해남부선 폐선로

011

부산 최고의 스시로 미각의 극한 경험하기
'젠스시'

일본과 지리적으로 가까운 부산은 다양한 일본 음식을 맛볼 수 있는 도시다.
싱싱한 해산물로 만든 초밥이 대표적인데, 부산에서는 '젠스시'가 최고로 손꼽힌다.
재료의 신선도는 기본, 호텔에서 단련한 셰프의 손맛까지 더해져
일본에서도 먹을 수 없는 초밥이 탄생했다.
초밥을 간장에만 찍어 먹는다는 편견은 잊자. 종류에 따라 소금과도 어울린다.
탄력 있는 광어뱃살초밥을 소금에 찍어 먹으면 담백하면서도 깔끔하다.
흰살 생선부터 시작해 진한 맛으로 마무리되는 초밥.
그중에서도 초절임해 칼집 내고 불맛을 더한 고등어초밥은
저절로 양손엄지를 들게 한다. 주방장님의 손을 덥석 잡고 싶을 정도다.
초밥 하나하나가 요리 한 접시 같은 옹골찬 맛이다.

위치	부산광역시 해운대구 중동 1408-5 파라다이스호텔부산 본관 4층
내비게이션	파라다이스호텔부산
가는 법	지하철 2호선 해운대역 5번 출구→해변도로까지 480m 직진→도로 건너 좌회전 후 파라다이스호텔까지 300m(도보 10분)
전화	051-749-2358
영업시간	오전 8시~밤 10시
가격	성인 16,500원/어린이 8,250원(투숙객 전용)
주변 여행지	해운대해수욕장, 부산아쿠아리움, 달맞이길, 바나나롱갤러리, 동백섬, 누리마루APEC 하우스, 거대(한우숯불갈비), 해운대유람선, 미포 할매집 원조복국

<u>012</u>

해운대 바다 바라보며 로맨틱한 온천욕 즐기기
파라다이스호텔 '씨메르'

온천장이라는 지명이 있을 만큼 부산은 예로부터 온천이 유명했다.
대규모 온천시설이 부산 곳곳에 산재해 있어 온천 천국이라 해도 과언이 아니다.
파라다이스호텔부산에서 투숙객을 위해 운영하는 '씨메르'는
그중에서도 가장 낭만적인 온천 명소로 손꼽힌다.
해운대 앞바다를 내려다보며 온천욕을 즐길 수 있는 야외 온천으로
형형색색의 조명이 불을 밝히는 밤에는 로맨틱한 분위기가 절정에 달한다.
은은한 달빛 아래 철썩이는 파도 소리를 들으며 온천욕을 즐기다 보면
10년 묵은 피로가 싹 사라진다.

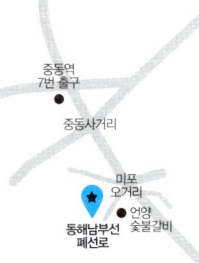

위치	부산광역시 해운대구 중동 947-1 미포 건널목
내비게이션	언양숯불갈비
가는 법	지하철 2호선 중동역 7번 출구→미포오거리→미포 철도건널목(출발점)→ 왼쪽 철길로 진입→구 송정역까지 철길 따라 도보로 1시간 소요
전화	051-749-4084(해운대구청)
주변 여행지	해운대해수욕장, 청사포, 달맞이길, 송정해수욕장

013

해안선 따라 놓인 기찻길 걸으며 힐링하기
동해남부선 폐선로

해운대와 송정을 잇는 동해남부선 철로는 바다를 끼고 달린다.
바닷가 절벽 위에 아슬아슬 놓인 철길을 따라
동해바다가 시원스레 펼쳐진 풍경은 부산에서도 손꼽히는 절경이다.
최근 동해남부선 복선화 공사로 기존 선로가 폐쇄되면서
직접 철길 위를 걸을 수 있게 됐다.
한 시간 남짓, 바다를 보며 철길을 걷는 즐거움은
세상 무엇과도 바꿀 수 없는 진귀한 경험이다.
개발이 되면 더 이상 걸을 수 없을지도 모르니 얼른 동해남부선 폐선부지로 달려가자.

위치
부산광역시 해운대구 우동 1410-1 2F
(두산포세이돈 101동 2층)

내비게이션
마산게낙찜, 해운대두산위브포세이돈

가는 법
지하철 2호선 동백역 1번 출구→50m 직진 후 우회전→마린시티 해안도로까지 500m 직진 후 우회전→해안도로 따라 600m 이동 (도보 15분)

전화
051-747-7773

가격
게낙찜 2인 40,000원, 3인 50,000원, 4인 60,000원

영업시간
오전 11시~밤 11시

주변 여행지
파크하얏트부산, 부산 영화의 거리, 동백섬, 해운대해수욕장, OPS, 더베이101, 헬로스시

014

꽃게 요리 명가에서 게낙찜에 밥 비벼 먹기
해운대 마산게낙찜

해운대 마린시티로 최근 자리를 옮긴 '마산게낙찜'은
20년 넘게 꽃게 요리를 전문으로 해온 가게다.
4~5월에 나는 서해산 제철 꽃게로 게장과 꽃게찜, 꽃게탕 같은
다양한 요리를 선보이는데 낙지와 꽃게를 고춧가루 양념에 버무린 게낙찜이 특히 인기다.
보기에는 자극적일 것 같지만 맵지도 달지도 짜지도 않다.
재료 본연의 맛이 잘 살아 있어서 자꾸만 손이 간다.
속이 꽉 찬 게살과 통통하게 살이 오른 낙지를 맛나게 먹은 뒤
남은 양념에 밥을 비벼 먹으면 행복이 폭풍처럼 밀려온다.

위치	부산광역시 해운대구 우동 651-2 해운대그랜드호텔 뒷길
내비게이션	해운대그랜드호텔
가는 법	지하철 2호선 동백역 1번 출구→동백사거리까지 470m 직진 후 좌회전→해운대그랜드호텔까지 270m(도보 15분)
이때 가면 딱 좋아!	10월 초 부산국제영화제 기간
주변 여행지	해운대해수욕장, 동백섬, 누리마루APEC하우스, 더베이 101, OPS, 웨스틴조선호텔

015

영화제 기간에 해운대 골목길 어슬렁거리기
부산국제영화제

세계적인 영화 축제로 발돋움한 부산국제영화제.
그 명성을 보여주듯 부산국제영화제가 시작되면
국내외 유명 배우들이 해운대로 대거 모여든다.
영화제가 열리는 영화관은 물론이고
특급 호텔이나 레스토랑에서 영화배우들과 마주치는 건 다반사.
축제의 흥겨움이 넘쳐나는 해운대의 밤거리를 어슬렁거리다 보면
꿈에도 그리던 스타와의 만남에 짜릿함을 느끼게 될지 모른다.

위치	부산광역시 해운대구 우1동 747-7
내비게이션	동백섬, 더베이 101
가는 법	지하철 2호선 동백역 1번 출구 → 웨스틴조선호텔부산 방면 450m 직진(도보 10분)
전화	051-726-8888
영업시간	오전 10시~밤 12시
주변 여행지	동백섬, 누리마루APEC하우스, 해운대해수욕장, OPS, 웨스틴조선호텔, 파라다이스호텔

016

마린시티 야경 보며 시원한 생맥주 마시기
해운대 '더베이 101'

요즘 부산에서 가장 핫한 플레이스인 '더베이 101'.
황홀한 마린시티의 야경을 보면서 다양한 요리와 맥주를 즐기다 보면
마치 외국의 어느 도시에 와 있는 듯한 착각마저 든다.
낮에는 개인 혹은 팀 별로 요트 투어도 즐길 수 있으니
부산 여행에서 빼놓을 수 없는 잇 플레이스다.
맥주를 얼린 슬러시가 아이스크림처럼 올려진 '기린 이치방 프로즌 나마'를 꼭 맛볼 것.

위치	부산광역시 해운대구 중1동 청사포
내비게이션	청사포
가는 법	지하철 2호선 장산역 7번 출구→장산역 정류장에서 해운대구2번 마을버스 승차→청사포 정류장에서 하차
전화	051-749-4000(해운대구청)
주변 여행지	달맞이길, 달맞이공원 카페촌, 수민이네, 카페 디아트, 해마루

017

멋진 등대를 배경으로 CF 같은 기념사진 찍기
청사포

해운대와 송정 사이에 위치한 작은 어촌마을 청사포.
방파제 끝에 우뚝 솟은 등대가 단연 명물이다.
푸른 하늘과 흰 등대를 배경으로 CF의 한 장면 같은 기념사진을 찍어보자!
달빛 한 점 없는 겨울밤, 거친 파도 소리를 들으며
쏟아질 듯 반짝이는 별들을 구경하는 재미도 쏠쏠하다.
청사포 해안가에 위치한 '카페 디아트'에서
향기로운 드립 커피 한 잔을 마시는 것도 잊지 말자.

위치	부산광역시 해운대구 우동 1409-3
내비게이션	청사포 수민이네, 수민이네
가는 법	지하철 2호선 장산역 7번 출구 → 버스 정류장에서 해운대구 2번 마을버스 승차 → 청사포 정류장에서 하차
전화	051-701-7661
영업시간	낮 12시~오전 7시
주변 여행지	동해남부선 폐선로, 청사포 등대, 달맞이공원, 해마루, 카페 디아트, 송정해수욕장

018

파도소리 들리는 청사포에서 조개구이 먹으며 밤새기
'수민이네'

해운대와 송정 사이에 위치한 어촌마을 청사포는 싱싱한 조개구이로 유명하다.
언제부터인가 조개구이 전문점들이 잇따라 생기면서
조개구이하면 청사포. 청사포 하면 조개구이로 통하고 있다.
시원한 파도 소리를 들으며 갓 잡아 올린 싱싱한 조개와 각종 해산물을
숯불에 구워 먹는 재미에 푹 빠져 밤을 꼴딱 샜다는 후문이 여기저기서 들려온다.
청사포 초입에 위치한 '수민이네'가 맛도 분위기도 좋다.

위치	부산광역시 해운대구 우동 714-1 누리마루APEC하우스
내비게이션	동백섬, 누리마루APEC하우스
가는 법	지하철 2호선 동백역 1번 출구→웨스틴조선호텔부산 방면 500m 직진→동백섬 산책로로 진입(도보 15분)
전화	051-744-3140
운영 시간	오전 9시~오후 6시
주변 여행지	동백섬, 해운대해수욕장, OPS, 웨스틴조선호텔, 더베이 101

019

APEC 정상처럼 바다 보며 누리마루 앞마당 거닐기
누리마루APEC하우스

APEC 정상회의가 열렸던 누리마루.

동백섬의 능선을 형상화한 건물도 인상적이지만

무엇보다 그곳에서 바라보는 바다 풍경이 압권이다.

각국 정상들이 회의를 하고 담소를 나누었던 3층 회의장을 통과해 1층으로 내려오면

양옆으로 해송이 빼곡하게 서 있는 작은 마당이 나타난다.

그 뒤로는 푸른 바다가 시원스레 펼쳐져 있다.

APEC 정상들이 그랬던 것처럼 파도 소리를 들으며 누리마루 앞마당을 거닐어보자.

이토록 호사스러운 산책을 또 언제 해보겠는가.

위치	부산광역시 해운대구 우동 710-1
내비게이션	동백섬
가는 법	지하철 2호선 동백역 1번 출구 → 웨스틴조선호텔부산 방면 500m 직진(도보 10분)
전화	051-749-7621(해운대관광시설관리사업소)
이때 가면 딱 좋아!	2월~3월 이른 아침
주변 여행지	웨스틴조선호텔, 해운대해수욕장, 누리마루APEC하우스, 더베이 101, OPS

020

이른 아침 동백꽃 향기 맡으며 동백섬 돌아보기
동백섬

"꽃 피는 동백섬에 봄이 왔건만~ ♬"
부산 하면 가장 먼저 떠오르는 이 노래.
부산 여행에서 가장 먼저 둘러봐야 할 곳은 역시 동백섬이다.
해운대해수욕장과 광안대교, 누리마루 등 부산의 명소를 한번에 조망할 수 있다.
해안을 따라 조성된 동백섬 해안산책로를 느릿느릿 걷다 보면
부산의 매력이 단숨에 느껴진다.
이왕이면 동백꽃이 피는 이른 봄, 산새가 지저귀는 아침이 좋다.

TWOSOME PLA
dessert cafe

위치	부산광역시 해운대구 중동 1488-11
내비게이션	달맞이공원, 투썸플레이스 해운대달맞이2호점
가는 법	지하철 2호선 중동역 7번 출구 → 미포오거리 지나 달맞이공원까지 1.7km(도보 20분)
전화	051-743-6955(투썸플레이스 해운대달맞이2호점)
주변 여행지	달맞이길, 해월정, 해마루, 청사포, 수민이네, 미포 할매집 원조복국

021

바다가 보이는 카페에 앉아 오붓하게 데이트하기

달맞이공원 카페촌

해운대 달맞이길은 최근 들어 카페촌으로 변하기 시작했다.
특히 달맞이공원 주변으로 대기업 프랜차이즈 커피전문점들이
잇따라 가게를 오픈하면서 거대한 커피타운이 형성됐다.
해운대 앞바다가 내려다보이는 기막힌 전망 덕에 카페촌 일대는
이른 아침부터 늦은 밤까지 데이트를 즐기는 청춘남녀들로 북새통을 이룬다.
바다를 보며 마시는 커피 한 잔의 여유. 부산 여행의 별미다.
최근에 문을 연 '투썸플레이스' 달맞이 2호점 3층의 전망이 가장 좋다.

위치	부산광역시 해운대구 우1동 737 웨스틴조선호텔부산 로비
내비게이션	웨스틴조선호텔부산
가는 법	지하철 2호선 동백역 1번 출구→웨스틴조선호텔부산 방면 500m 직진(도보 10분)
전화	051-749-7000
영업시간	오전 8시~밤 12시
주변 여행지	동백섬, 해운대해수욕장, 누리마루APEC하우스, 더베이 101, 부산아쿠아리움, OPS, 부산 영화의 거리, 헬로스시

022

전망 좋은 호텔 라운지에서 우아하게 커피 마시기
웨스틴조선호텔부산 파노라마 라운지

부산에서 가장 전망 좋은 커피숍은 두말할 것도 없이
웨스틴조선호텔부산 파노라마 라운지다.
커다란 창을 통해 해운대해수욕장 전체를 조망할 수 있는 유일무이한 장소로
주말이면 빈자리를 찾기 힘들 만큼 인기가 높다.
가격은 좀 비싸지만 해운대를 바라보며
따뜻한 커피 한 잔 마셔보는 것도 색다른 추억이 되지 않을까?
웨스틴조선호텔부산의 아이리쉬 펍인 '오킴스'에서
부산 APEC 정상회담에 참석한 미국의 조지 부시 대통령이 먹었던
프레지던트 버거를 맛보는 것도 놓치지 말자.

위치	부산광역시 해운대구 우동 1409-3 파크하얏트부산
내비게이션	파크하얏트부산
가는 법	지하철 2호선 동백역 3번 출구 → 대우마리나 1차 아파트 끼고 좌회전 후 직진 → 부산영화의 거리까지 800m(도보 10분)
전화	051-990-1300
영업시간	오전 10시~밤 12시
가격	스파클링와인 20,000원부터/맥주 12,000원부터
주변 여행지	수영만요트경기장, 시네마테크부산, 부산 영화의 거리, 고은사진미술관, 동백섬, 더베이 101, 마산게낙찜(해물찜)

023

야경이 멋진 바에서 연인과 함께 로맨틱한 밤 맞이하기
파크하얏트부산 라운지 바

부산 최초의 6성급 호텔을 표방하는 파크하얏트부산.
300미터에 육박하는 엄청난 높이로 해운대의 랜드마크로 자리매김한
아이파크 건물에 최근 문을 열었다.
30층에 있는 라운지는 부산의 야경을 한눈에 감상하기에 최적의 장소!
세련된 분위기와 감각적인 선곡 센스 덕분에 커플들의 발길이 끊이지 않는다.
연인과 함께 달콤 쌉싸름한 와인을 마시며
로맨틱한 부산의 밤을 즐기실 분들께 강추.

위치
부산광역시 해운대구 우동 1463-1 센텀사이언스파크 지하 1층
내비게이션
센텀사이언스파크, 더 파티 센텀점
가는 법
지하철 2호선 센텀시티역 6번 출구 → 센텀사이언스파크까지 700m 직진(도보 10분)
전화
051-771-7770
영업시간
중식 낮 12시~오후 3시, 석식 저녁 6시~밤 9시 30분
가격
주중 대인 31,000원(중식), 38,000원(석식), 초등학생 17,000원(중·석식)
주말 대인 40,000원(중식), 43,000원(석식), 초등학생 19,000원(중·석식)
주변 여행지
영화의 전당, APEC 나루공원, 벡스코, 시립미술관, 신세계백화점

024

부산 대표 뷔페 체인에서 식탐의 한계 시험하기
센텀시티 '더 파티'

부산의 뷔페 문화를 경험하고 싶다면 '더 파티'가 제격이다.
부산에만 6개의 점포가 있고 인근의 김해와 양산, 울산에도 문을 열 만큼
부산 사람들의 전폭적인 지지를 받는 뷔페 체인이다.
세련된 분위기 속에서 정갈하면서도 맛깔스러운 음식을
합리적인 가격에 맛볼 수 있는 것이 인기 비결.
한식, 중식, 양식, 일식 요리를 골고루 즐길 수 있는데다
스테이크와 회초밥, 쌀국수 등 요리사들이
현장에서 바로 만들어주는 메뉴도 많아서
언제나 과식을 일삼게 되는 것이 유일한 단점이다.

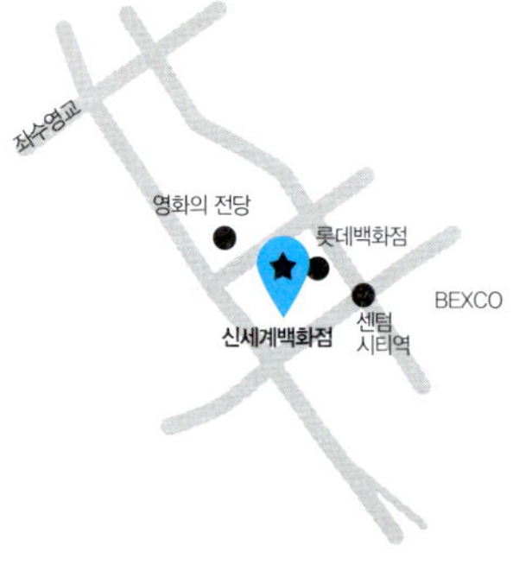

위치	부산광역시 해운대구 우동 1495 신세계백화점 센텀시티점
내비게이션	신세계백화점 센텀시티점
가는 법	지하철 2호선 센텀시티역에서 지하로 바로 연결
전화	1588-1234
영업시간	오전 10시 30분~오후 8시
주변 여행지	영화의 전당, APEC 나루공원, 시립미술관, 벡스코, 고은사진미술관

025

세계에서 제일 큰 백화점에서 신나게 쇼핑하기
신세계백화점 센텀시티

연면적 29만여 제곱미터. 어찌나 큰지 세계 기네스북에도 올랐다.
부산의 샛별 센텀시티에서 단연 돋보이는 신세계백화점은
규모는 물론 매장구성이나 입점브랜드, 인테리어 등에서도 경쟁 백화점들을 압도한다.
드넓은 백화점을 방랑하며 아이쇼핑에 정신을 팔다 보면
한나절이 훌쩍 흘러가버릴지도 모를 일.
영화관과 스파, 서점, 아이스링크, 식품관, 옥상공원 주라지 등
오감을 자극하는 부대시설들도 훌륭해
외국인 관광객들의 필수 방문 코스가 된 지 오래다.

위치	부산광역시 해운대구 우동 1467
내비게이션	영화의 전당
가는 법	지하철 2호선 센텀시티역 12번 출구→센텀시티 교차로에서 우회전→영화의 전당까지 300m(도보 10분)
전화	051-780-6000(www.dureraum.org)
주변 여행지	신세계백화점 센텀시티점, APEC 나루공원, 시립미술관, 벡스코

026

보석처럼 빛나는 빅루프 야경에 흠뻑 취하기
영화의 전당

부산국제영화제의 주무대인 영화의 전당은 멋진 야경으로 유명하다.
축구장 1.5배 면적에 달하는 세계 최대 규모의 지붕과
그 속에 숨겨진 12만 개의 LED 조명이 만들어내는 환상적인 빛잔치는
부산 여행에서 빼놓을 수 없는 즐거움이다.
시시각각 변하는 빅루프의 경관조명은 수영강의 야경과 어우러지며
영화도시 부산의 낭만을 한껏 고조시킨다.
국제건축설계공모전을 통해 오스트리아 '쿱 힘멜 부라우사社'가 설계한 영화의 전당은
해체주의를 반영한 독특한 건축미로
국내외 건축학도들의 필수 견학코스로도 인기가 높다.

위치
부산광역시 수영구 망미동 207-8
내비게이션
엘올리브
가는 법
지하철 2호선 수영역 5번 출구→버스 정류장에서 54번 버스 승차→망미2동 정류장 하차→골목길 따라 우회전→엘올리브까지 80m(도보 2분)
전화
051-752-7300
영업시간
런치 오전 11시 30분~오후 4시 30분. 디너 저녁 6시~밤 10시
가격
파스타 22,000원~34,000원/런치세트 28,000원~45,000원
주변 여행지
영화의 전당, 벡스코, 시립미술관, 신세계백화점

027

부산이 가득 담긴 이탈리아 요리로 근사한 저녁 보내기

망미동 '엘올리브'

영화의 전당이 마주 보이는 수영강변에 운치 있는 건물이 하나 있다.
와인창고를 본떠 만들었다는데
유럽에 있는 듯한 착각이 들 만큼 매력적이다.
건축가가 직접 만든 레스토랑 '엘올리브'다.
식재료 대부분이 부산 근교에서 찾은 로컬푸드다.
부산의 느낌이 가득한 이탈리아 요리를 먹는 재미에 푹 빠진 미식가들은
주저 없이 엄지손가락을 치켜세운다.

내비게이션	갈맷길 2코스 1구간
가는 법	지하철 2호선 시립미술관역 3번 출구→500m 직진→해강중학교 앞 도로에서부터 갈맷길 2코스 1구간 출발
전화	1330 부산관광안내전화(galmaetgil.busan.go.kr)
주변 관광지	시립미술관, 벡스코, 영화의 전당, 수영만요트경기장, 부산 영화의 거리, 파크하얏트 부산, 마린시티, 동백섬, 해운대해수욕장, 웨스틴조선호텔부산, 파라다이스호텔, 부산아쿠아리움, 달맞이길

028

상쾌한 바닷바람 맞으며 마천루 속 갈맷길 걷기
갈맷길 2코스 1구간

제주도에 올레길이 있다면 부산에는 갈맷길이 있다.
해안을 따라 이어지는 올레길과 달리 갈맷길은 부산 도심 곳곳을 누빈다.
이기대에서 광안리, 해운대, 기장으로 이어지는 해변길과
회동수원지와 수영강을 끼고 걷는 강변길, 금정산 능선을 따라 가는 숲길,
낙동강 하구를 가로지르는 갈대밭길 등
부산의 자연과 도심 풍경을 오롯이 느낄 수 있는 9개 코스가 264km나 이어진다.
특히 해안선을 따라 조성된 2코스와 3코스는 수평선을 보며 걷다가도
이내 고층 빌딩이 나타나 갈맷꾼들의 눈을 휘둥그레하게 만든다.
자연과 인공의 절묘한 조화 속에서 사람들은 묘한 카타르시스를 느낀다.

Hot Spot!

두 발로 걷는 부산여행, 갈맷길 투어

제주 올레길만큼이나 매력적인 길이 부산에도 있다.
산과 바다, 강과 도심을 아우르는 부산 갈맷길이다.
부산 곳곳을 구석구석 누비며 부산의 속살을 오롯이 느낄 수 있어
부산시민들은 물론이고 관광객들에게도 인기 만점이다.
갈맷길은 모두 9개의 코스로 구성되어 있으며
각 코스마다 2~3개의 세부 구간으로 다시 나뉘어진다.
갈맷길 이정표가 곳곳에 배치되어 있지만
코스에 따라 표식이 부족한 곳도 있어서 지도를 확인하면서 걷는 것이 좋다.
시간이 넉넉하지 않다면 코스의 일부만 걷거나
코스에 포함된 여행지 중 일부만 둘러보면 된다.
일몰 후에 산행 코스를 걸을 예정이라면
방한 장구나 랜턴을 꼭 지참해야 만일의 사고에 대비할 수 있다.
갈맷길 700리 gobusan.kr 에서 갈맷길에 관한 다양한 정보를 얻을 수 있다.

부산의 해안 풍경 감상하는 1코스

임랑해수욕장에서 출발해 해안을 따라 칠암과 기장, 용궁사를 지나 송정까지 이어지는 코스다. 부산의 아름다운 해안 풍경을 제대로 감상할 수 있는 갈맷길이다. 총 길이 33.6km. 예상 소요 시간은 10시간이다.

1-1 구간
(12.2km/4시간)

1-2 구간
(21.4km/6시간)

마천루와 바다 풍경을 한번에! 2코스

부산을 대표하는 해수욕장인 해운대와 광안리를 끼고 걷는 코스다.
부산의 바다 풍경뿐 아니라 고층빌딩이 즐비한
해운대의 마천루를 함께 감상할 수 있는 갈맷길이다.
문탠로드를 출발해 해운대해수욕장과 동백섬, 광안리해수욕장을 지나
이기대 해안산책로까지 이어진다.
총 길이 18.3km. 예상 소요시간은 6시간이다.

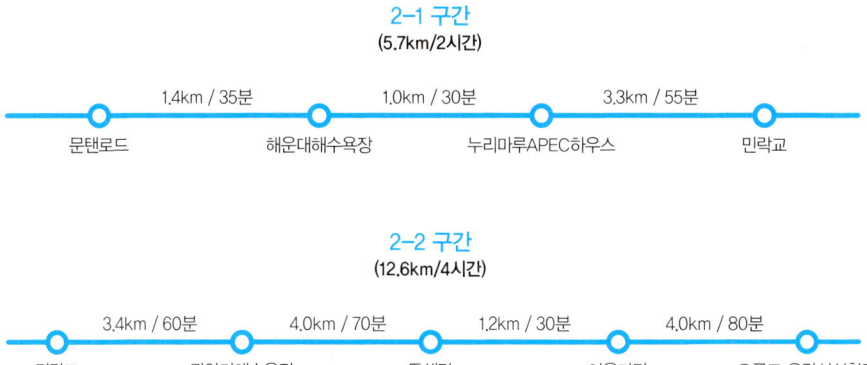

2-1 구간
(5.7km/2시간)

문탠로드 — 1.4km / 35분 — 해운대해수욕장 — 1.0km / 30분 — 누리마루APEC하우스 — 3.3km / 55분 — 민락교

2-2 구간
(12.6km/4시간)

민락교 — 3.4km / 60분 — 광안리해수욕장 — 4.0km / 70분 — 동생말 — 1.2km / 30분 — 어울마당 — 4.0km / 80분 — 오륙도 유람선선착장

영도의 정취를 만끽하는 3코스

오륙도 유람선선착장을 출발해 신선이 노닐던 신선대와 부산역, 자갈치시장,
영도대교를 지나 태종대까지 이어지는 코스다. 부산항과 부산 원도심,
영도의 정취를 오롯이 느낄 수 있는 갈맷길로 모두 3개의 구간으로 나뉘어진다.
총 길이 37.2km. 예상 소요 시간은 13시간이다.

3-1 구간
(11.5km/4시간)

오륙도 유람선선착장 — 2.1km / 50분 — 신선대 — 2.4km / 55분 — UN기념공원 — 3.8km / 70분 — 부산외국어대학교 — 3.2km / 65분 — 부산진시장

3-2 구간
(15.7km/5시간)

부산진시장 — 1.5km / 30분 — 증산공원 — 4.5km / 80분 — 초량성당 — 0.8km / 20분 — 부산역 — 2.3km / 40분 — 백산기념관 — 1.0km / 20분 — 부산근대역사관 — 0.4km / 10분 — 국제시장 — 1.0km / 20분 — 자갈치시장 — 1.0km / 20분 — 영도대교 — 3.2km / 60분 — 남항대교

3-3 구간
(10km/4시간)

남항대교 — 2.0km / 55분 — 절영해안산책로 — 1.4km / 40분 — 중리해변 — 2.1km / 55분 — 감지해변산책로 — 4.5km / 90분 — 태종대 유원지입구

부산 사람의 삶이 오롯이 느껴지는 이바구길(3-2구간)

낙동강 하구 절경 한눈에 담는 길 4코스

남항대교를 출발해 100년의 역사를 자랑하는 송도해수욕장,
일몰 명소인 다대포를 지나 낙동강 하굿둑까지 이어지는 코스다.
오밀조밀한 부산의 바다 지형과 낙동강 하구의 절경을 한눈에 담을 수 있는 갈맷길로
항구도시 부산의 매력을 듬뿍 느낄 수 있다.
총 길이 36.3km, 예상 소요 시간은 13시간이다.

4-1 구간
(13km/4시간)

남항대교 — 2.5km / 40분 — 송도해수욕장 — 0.9km / 20분 — 송도해안볼레길 — 1.4km / 30분 — 암남공원 입구 — 8.2km / 150분 — 감천항

4-2 구간
(12.5km/5시간)

감천항 — 5km / 130분 — 두송반도 전망대 — 7.5km / 170분 — 몰운대

4-3 구간
(10.8km/4시간)

○──── 1.2km / 40분 ────○──── 4.0km / 80분 ────○──── 5.6km / 120분 ────○
몰운대　　　　　　　　다대포해수욕장　　　　　응봉봉수대입구　　　　　낙동강하굿둑

발아래로 출렁이는 바다를 내려다볼 수 있는 송도해수욕장 스카이워크(4-1구간)

남해바다의 멋진 풍광을! 5코스

동양 최대의 철새도래지인 낙동강 하구 을숙도를 가로질러
녹산해안길을 따라 가덕도까지 이어지는 코스다. 겨울 철새의 군무를 가까이 볼 수 있고
남해바다 위에 우뚝 솟은 가덕도의 멋진 풍광을 감상할 수 있는 갈맷길로
부산의 색다른 매력을 경험할 수 있다. 총 길이 42.1km. 예상 소요 시간은 13시간이다.

5-1 구간
(22km/6시간)

낙동강하굿둑 — 6.0km / 110분 — 명지오션시티 — 3.8km / 60분 — 신호대교 — 1.4km / 30분 — 르노삼성자동차 부산공장 — 10.8km / 160분 — 천가교

5-2 구간
(20.1km/7시간)

천가교 — 1.6km / 30분 — 천가초등학교 — 1.2km / 30분 — 소양보육원 — 2.4km / 50분 — 연대봉 — 3.0km / 70분 — 대항선착장 — 0.8km / 20분 — 대항새바지 — 2.3km / 40분 — 어음포 — 4.2km / 90분 — 동선방조제 — 2.5km / 50분 — 정거생태마을 — 2.1km / 40분 — 천가교

부산의 강과 산을 두루 경험하는 6코스

삼락둔치 갈대밭 사이로 난 비포장 들길을 지나 백양산 산길을 걷고
성지곡수원지에 다다르는 코스다. 부산의 강과 산을 두루 경험할 수 있는 갈맷길로
백양산으로 이어지는 2구간은 제법 난이도가 높아 주의가 필요하다.
총 길이 36.2km. 예상 소요 시간은 11시간이다.

6-1 구간
(13.2km/4시간)

6-2 구간
(23km/7시간)

호젓한 숲길 걷기 7코스

성지곡수원지를 출발해 금정산 능선을 따라 회동수원지까지 이어지는 코스다.
금정산 남문에서 동문, 북문까지 이어지는 길은
부산시민들이 즐겨찾는 등산로로 사시사철 사람들로 붐빈다.
천년고찰 범어사에서 팔송까지 계곡을 따라 이어지는 숲길도 호젓하게 걷기에 좋다.
총 길기 22.3km. 예상 소요 시간은 9시간이다.

7-1 구간
(9.3km/4시간)

성지곡수원지(어린이대공원) — 5.0km / 110분 — 만덕고개 — 2.3km / 70분 — 남문 — 2.0km / 60분 — 동문

7-2 구간
(13km / 5시간)

동문 — 3.8km / 70분 — 북문 — 1.6km / 40분 — 범어사 — 3.1km / 60분 — 노포동 종합버스터미널 — 1.3km / 40분 — 스포원파크 — 1.5km 40분 — 부산톨게이트 — 1.7km / 50분 — 상현마을

회동호와 수영강 빼어난 경관 즐기는 8코스

회동수원지를 끼고 걷는 갈맷길 8코스는
2009년 부산 갈맷길 축제 길 콘테스트에서 대상을 받은 길이다.
남녀노소 누구나 걸을 수 있는 평탄한 길이자 회동호와 수영강의
빼어난 경관을 즐길 수 있는 아름다운 길이다.
무엇보다 사람이 많지 않아서 느긋하게 걷기에 안성맞춤이다.
총 길이는 17.2km. 예상 소요 시간은 5시간이다.

8-1 구간
(10.2km/3시간)

상현마을 — 2.4km / 40분 — 오륜대 — 5.1km / 90분 — 명장정수사업소 회동수원지입구 — 0.9km / 20분 — 동대교 — 1.8km / 30분 — 동천교(석대다리)

8-2 구간
(7.0km/2시간)

동천교(석대다리) — 2.5km / 40분 — 원동교 — 1.3km / 30분 — 과정교 — 1.1km / 20분 — 좌수영교 — 0.7km / 10분 — APEC 나루공원 — 1.4km / 20분 — 민락교

일광산 자락 휘감아 도는 9코스

회동수원지 상현마을을 출발해 철마천과 이곡천을 따라가다
일광산 허리를 휘감아 걷는 길이다.
수령이 300년 이상 된 팽나무가 있는 이곡마을에서 기장테마임도와 합쳐진다.
일광산 자락을 휘감아 도는 길은 전국에서 두 번째로 공인된 MTB코스이기도 하다.
총 길이는 20.5km. 예상 소요 시간은 6시간 30분이다.

9-1 구간
(11.5km/3시간 30분)

상현마을 — 4.7km / 70분 — 장전2교 — 2.2km / 70분 — 장전마을(철마면사무소) — 1.6km / 20분 — 보림교 — 3.0km / 50분 — 이곡마을

9-2 구간
(9.0km / 3시간)

이곡마을 — 4.8km / 100분 — 모연정 — 4.2km / 80분 — 기장군청

부산 갈맷길 한눈에 보자!

금정산
7코스
동문
구포역
6코스
성지곡수원지
김해국제공항
부산시청
부산진시장
낙동강
3코스
낙동강 하구둑
감천항
남항대교
천가교
태종대 유원지 입구
눌자초등학교
5코스
가덕도
다대해수욕장
4코스
몰운대

[광안리 권역]

- **09:00** 부산역 도착
- **10:00** 033 광안리해수욕장에서 바다 보기
- **11:00** 036 이안에서 맛깔스러운 브런치 먹기
- **12:00** 030 이기대 해안산책로 걷기
- **15:00** 035 민락수변공원에서 바다 보며 회 먹기
- **18:00** 029 정원해물탕에서 부산 해물탕의 진수 맛보기 or
  031 덩굴아나고에서 붕장어 구이로 보양하기
- **20:00** 039 스카이라운지 씨갈에서 시원한 맥주 마시기
- **22:00** 037 재즈클럽 몽크에서 라이즈 재즈 연주 즐기기

광안리

젊음이 넘실대는 활기찬 해변

위치	부산광역시 수영구 민락동 174-15 1층
내비게이션	정원 해물탕
가는 법	지하철 2호선 광안역 3번 출구→광안리해수욕장까지 600m 직진→롯데리아 끼고 좌회전 후 핸즈커피까지 230m 이동→핸즈 커피에서 골목길로 좌회전→100m 전방 정원 해물탕(도보 15분)
전화	051-761-2788
영업시간	오전 10시~밤 10시
가격	해물탕 中 40,000원/大 50,000원
주변 여행지	광안리해수욕장, 민락수변공원, 황령산봉수대, 금련산 전망대, 이앤(브런치), 덩굴 아나고

029

싱싱함이 남다른 부산 해물탕의 진수 맛보기
민락동 '정원 해물탕'

싱싱한 해산물을 한가득 넣고 맑게 끓여낸 해물탕은 부산사람들이 즐겨 먹는
음식 가운데 하나다. 바다를 끼고 있는 도시답게 언제든 싱싱한 해산물을 구할 수 있으니
해물탕 맛이 남다를 수밖에. 광안리해수욕장에 자리한 '정원 해물탕'은
부산 해물탕의 진수를 맛보기에 제격이다. 해산물 도매업에만 20년 넘게 종사한 대표가
매일 아침 직접 싱싱한 국산 해산물을 공수해 해물탕을 끓인다.
홍합과 꽃게, 바지락, 오징어, 키조개 등 10가지가 넘는 해산물이 만들어내는 육수는
진하면서도 시원해 해장국으로도 그만.
해물을 다 건져먹은 뒤 남은 국물에 면을 넣어 끓이면
둘이 먹다 하나가 죽어도 모를 해물탕면이 완성된다.

위치	부산광역시 남구 용호동 5-4
내비게이션	이기대더뷰, 더뷰, 이기대도시자연공원입구
가는 법	지하철 2호선 경성대부경대역 5번 출구 → 던킨도너츠 앞 정류장에서 남구 2-1 마을버스 승차 → 분포고 정류장에서 하차 → 이기대공원입구(이기대더뷰)까지 600m(도보 10분)
전화	051-607-6361(남구청)
주변 여행지	광안대교, 오륙도 스카이워크, 오륙도 해맞이공원

030

명품 해안길에서 영화 같은 부산 야경에 반하기
이기대 해안산책로

장산봉 자락의 바위절벽과 동해 바다가 맞닿은 이기대는
군사작전지구로 일반인 출입이 통제됐었지만
1993년부터 개방돼 이제는 누구나 찾을 수 있다.
동생말에서부터 오륙도까지 4.7km 구간에 조성된 해안산책로는
부산의 바다를 온몸으로 느낄 수 있는 트래킹코스다(갈맷길 2-2구간).
이른 아침에는 황홀한 일출을, 늦은 오후에는 드라마틱한 일몰을 만날 수 있어서
사진 명소로도 유명하다. 특히 동생말에서 바라보는 광안대교와 마린시티의 야경은
부산 여행에서 절대 놓칠 수 없는 장면 가운데 하나다.
투명 유리 바닥으로 된 오륙도 스카이워크도 놓칠 수 없는 볼거리다.

위치	부산광역시 수영구 남천동 209
내비게이션	덩굴 아나고, 밀양 덩굴 아나고 구이
가는 법	지하철 2호선 남천역 3번 출구 → 남천해변시장까지 240m 이동 후 좌회전 → 40m 직진 후 골목길로 좌회전(도보 10분)
전화	051-626-3592
영업시간	낮 12시 30분~밤 10시
가격	1인분 15,000원
주변 여행지	광안리해수욕장, 황령산봉수대, 금련산 전망대, 이안(브런치), 정원 해물탕, 남천 할매떡볶이

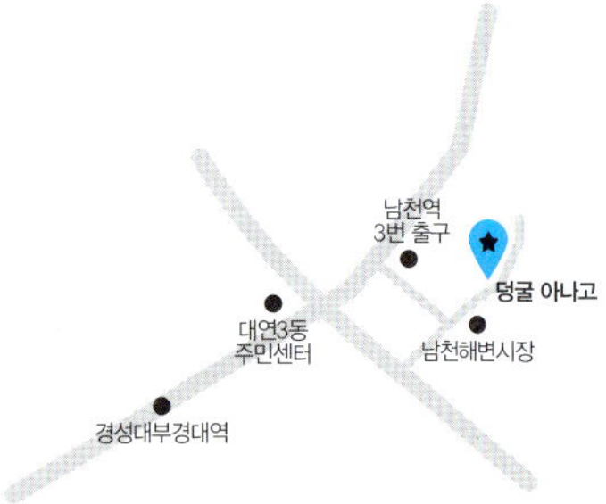

031

부산 사람들의 보양식 붕장어 구이 먹고 힘내기
남천동 '덩굴 아나고'

부산 사람들은 기력이 달릴 때 아나고를 먹고 힘을 낸다.
아나고는 붕장어를 일컫는 일본어로 부산에서는 사투리처럼 사용된다.
기장 앞바다에서 잡히는 붕장어는 바다장어 못지않게 힘이 좋다.
저렴한데다 영양가도 높아 오래전부터 서민들의 보양식으로 널리 사랑을 받아 왔다.
뼈채 썰어 회로 먹는 방법도 있지만
연탄불에 구워 양념을 발라 먹는 아나고 구이도 인기다.
부드러운 생선살에 매콤달콤한 양념이 더해져 남녀노소 누구나 즐길 수 있다.
싱싱한 재료와 탁월한 손맛으로
부산 사람들의 입맛을 사로잡은 남천동 '덩굴 아나고'가 유명하다.

위치	부산광역시 해운대구 우동 1414
내비게이션	광안대교 벡스코 요금소
가는 법	광안대교 벡스코 요금소에서 광안대교로 진입
전화	051-780-0077(광안대교관리사업소)

032

신나는 음악과 함께 바다 위 드라이브하기
광안대교

부산의 명물인 광안대교.
광안리 앞바다를 가로지르는 거대한 현수교를 보기 위해
해외에서도 관광객이 찾아올 정도이니
명실상부 부산의 랜드마크임이 분명하다.
멀리서 바라보는 것도 좋지만
이왕이면 자동차를 타고 광안대교 위를 신나게 달려보자.
어깨가 들썩이는 흥겨운 음악은 필수다.
해운대 쪽에서 진입해야 광안대교를 제대로 즐길 수 있다.
직접 운전할 수 없다면 해운대 쪽에서 부산역으로 가는 시티투어버스를 타도 된다.

위치	부산광역시 수영구 광안2동 192-20
내비게이션	광안리해수욕장
가는 법	지하철 2호선 광안역 3번, 5번 출구 → 광안리해수욕장까지 500m(도보 10분)
전화	051-622-4251(수영구청)
이때 가면 딱 좋아!	12월~2월
주변 여행지	민락수변공원, 광안대교, 금련산전망대, 황령산봉수대, 정원해물탕, 삼삼횟집

033

바다 위로 불쑥 솟는 태양 보며 소원 빌기
광안리해수욕장

바다가 있는 부산은 도심 곳곳에서 일출을 만날 수 있다.
특히 겨울이 되면 광안리해수욕장에서 바다 한가운데로
둥근 태양이 불쑥 솟아오르는 장관을 볼 수 있다.
대도시 한가운데에서 바다를 보며 일출을 감상하는 즐거움은
세계 어느 도시에서도 맛볼 수 없는 짜릿한 경험이다.
해가 떠오르는 순간 고이 간직했던 소원을 빌어보자.

위치
부산광역시 수영구 광안2동 192-20
내비게이션
광안리해수욕장
가는 법
지하철 2호선 광안역 3번, 5번 출구 →
광안리해수욕장까지 500m(도보 10분)
전화
051-622-4251(수영구청),
(www.bff.or.kr)
이때 가면 딱 좋아!
매년 10월 말 축제기간
주변 여행지
민락수변공원, 광안대교, 금련산전망대,
황령산봉수대, 정원해물탕, 삼삼횟집

034

광안리해수욕장 백사장에서 불꽃축제 온몸으로 느껴보기
부산국제불꽃축제

부산국제불꽃축제가 시작된 지도 어언 10년.
매년 100만 명이 부산불꽃축제를 보기 위해 부산을 찾는다고 하니
아시아 최대의 불꽃축제라는 말이 실감난다.
가장 생생하게 불꽃축제를 즐길 수 있는 곳은 뭐니 뭐니 해도
광안리해수욕장 백사장!
엄청난 인파에 파묻힐 각오를 해야 하지만
결코 후회하지 않을 추억을 선사할 것이다.

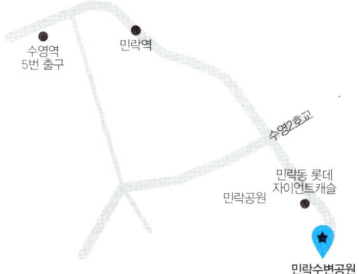

위치	부산광역시 수영구 민락동 110
내비게이션	민락수변공원
가는 법	지하철 2호선 수영역 5번 출구→100m 전방 버스 정류장에서 210번 버스 승차→ 롯데캐슬아파트 정류장 하차→민락수변공원까지 300m(도보 5분)
전화	051-610-4014(수영구청)
주변 여행지	광안리해수욕장, 수영요트경기장, 광안대교

035

광안대교 야경 보며 싱싱한 회 먹기
민락수변공원

광안대교 야경과 마린시티 야경을 한번에 만날 수 있는 민락수변공원은
부산 시민들이 자주 찾는 휴식처다.
시원한 바닷바람을 맞으며 준비해 간 음식을 나눠 먹는 풍경은
민락수변공원의 일상이다.
근처의 회센터에서 저렴하게 회를 구입해 먹는 것도 좋은 방법.
싱싱한 회 한 점에 소주 한 잔이면 세상 부러울 것이 없다.

위치
부산광역시 수영구 남천동 35-33
내비게이션
이안
가는 법
지하철 2호선 금련산역 5번 출구→60m 직진 후 코오롱빌딩 끼고 좌회전→130m 직진 후 두 번째 교차로에서 좌회전(도보 10분)
전화
051-628-5791
영업시간
오전 11시~오후 10시 (무휴)
가격
카프레제 크레페 14,000원/과일 팬케이크 9,500원/자몽에이드 6,000원
주변 여행지
광안리해수욕장, 금련산전망대, 황령산 봉수대, 남천삼익아파트 벚꽃길

036

맛깔스러운 브런치로 여유로운 하루 시작하기
남천동 '이안'

광안리해수욕장 뒤편 주택가에 자리한 '이안'은
단골들의 사랑을 듬뿍 받는 브런치 카페다.
신선한 재료를 아낌없이 사용하는 것이 비결.
단골들이 지루해하지 않도록 메뉴도 3개월마다 바꾼다.
맛깔스러운 브런치를 먹으며 여유로운 오전을 즐기고 싶은
여행객들도 자주 찾는 곳이다.
'카프레제 크레페'와 '과일 팬케이크'가 인기 메뉴.

위치	부산광역시 남구 대연3동 58-34 태양빌딩 지하1층
내비게이션	재즈클럽 몽크
가는 법	지하철 2호선 경성대부경대역 3번 출구→수영로322번길로 우회전 후 직진→재즈클럽 몽크까지 200m(도보 5분)
전화	051-622-2212(www.jazzclubmonk.com)
영업시간	저녁 6시 30분~새벽 2시(라이브 공연 밤 9시~밤 11시)
주변 여행지	광안리해수욕장, 황령산봉수대, 덩굴 아나고, 다카라 함바그, UN기념공원, 부산문화회관

037

라이브 재즈클럽에서 감미로운 재즈 선율에 취하기
경성대 '재즈클럽 몽크'

경성대 앞에 자리한 '몽크'는 20여 년 전부터
재즈 라이브를 선보여온 부산 공연 문화계의 터줏대감이다.
서울에서도 매일 저녁 라이브 재즈공연을 즐길 수 있는 곳은 손에 꼽을 정도인데
20년이 넘은 지금까지도 그 명맥을 이어오고 있다.
덕분에 이제는 서울의 '올댓재즈' '야누스'에 이어
한국에 남아 있는 라이브 재즈클럽 가운데 가장 오래된 곳 중 하나가 됐다.
시원한 맥주 한 잔이면 감미로운 재즈 선율에 흠뻑 취할 수 있다.
라이브 공연의 감동은 덤.
감미로운 부산 여행을 꿈꾼다면 주저할 것 없이 '몽크'다.

위치
부산광역시 남구 대연동 32-2 아인하이트
내비게이션
아인하이트
가는 법
지하철 2호선 경성대부경대역 1번 출구 → 200m 직진 후 부산광역시여성회관 골목으로 우회전 → 아인하이트까지 150m(도보 10분)
전화
051-611-1123
영업시간
오후 5시~밤 12시
가격
쾨스트리처 R 1잔 7,000원/브라텐 카토펠 6,000원
주변 여행지
재즈클럽 몽크, UN기념공원, 부산문화회관, 부산박물관

038

맛깔스러운 맥주 마시며 밤늦도록 수다 떨기
경성대 '아인하이트'

천편일률적인 한국 맥주에 지친 사람들에게 오아시스 같은 곳이다.
쓰고 시고 고소한데 과일향까지 난다. 이게 정말 맥주일까?
그중에서도 독일의 대문호 괴테가 자신이 죽고 나서도 자신의 얼굴을 광고에
사용할 수 있게 허락한 '쾨스트리처'를 추천한다. 입에 남는 쓴 맛이 신기하게도 향긋하다.
다양한 맥주에 따라 그에 맞는 전용잔으로 마셔보는 것도 재미 중 하나다.
맥주 회사가 자신들의 맥주를 가장 맛있게 마실 수 있게 디자인한 잔에는
거품과 액체의 양을 정해주는 선이 그어져 있다.
여러 종류의 맥주를 조금씩 샘플러로 맛볼 수도 있다.
맥주에는 치킨이라지만 튀기지 않은 독일식 감자요리 '브라텐 카토펠'도 아주 잘 어울린다.
그래도 아쉽다면 생고기로 만든 독일식 소시지인
'부어스트'의 짭조름하고 풍부한 맛을 즐기시길.

위치	부산광역시 수영구 광안동 192-5
내비게이션	아쿠아펠리스호텔 21층
가는 법	지하철 2호선 광안역 3번, 5번 출구→광안리해수욕장 방면으로 650m 직진 후 우회전→70m 전방 아쿠아펠리스호텔 (도보 10분)
전화	051-790-2380(aquapalace,co,kr)
영업 시간	낮 12시~새벽 3시
가격	생맥주 8,800원/피자 16,500원
주변 여행지	광안리해수욕장, 민락수변공원, 이안(브런치), 다리집(떡볶이), 금련산전망대

039

아찔한 스카이워크에 올라 광안리 한눈에 내려다보기
스카이라운지 '씨갈'

광안리 해변가에 위치한 아쿠아펠리스 호텔은
전망 좋은 스카이라운지 '씨갈Sea Gull'을 운영하고 있다.
광안리 바다를 한눈에 내려다보며 시원한 맥주를 마실 수 있어서
요즘 로컬들 사이에 입소문이 자자하다. 건물 밖 테라스에도 테이블을 마련해
더욱 생생한 전망을 즐길 수 있도록 한 것도 장점.
특히 스카이라운지 한쪽에 설치된 스카이워크는
바닥을 유리로 만들어 아찔함을 더한다.
광안대교가 불을 밝히는 밤에는 로맨틱한 부산 밤바다를 즐기려는 연인들로 문전성시.
색다른 부산 풍경을 보고 싶다면 후회 없을 장소다.

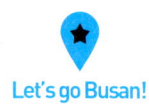

Let's go Busan!

부산, 어떻게 갈까?

부산까지 가는 방법은 모두 네 가지다.
가장 빠른 비행기와 도심까지 곧장 연결되는 기차, 느리지만 저렴한 버스 그리고
이동이 자유로운 승용차다. 서울을 비롯한 수도권에서 출발한다면 비행기나 KTX를
이용하는 편이 가장 빠르고 편안하다. 비수도권 지역에서는 기차나 버스,
승용차를 이용해서 부산으로 떠나면 된다.

부산역에 도착하여 부산시티투어 버스를 타면 부산 야경을 감상할 수 있다.
054_부산시티투어버스

부산까지 가장 빠른 비행기

김포공항에서 김해공항까지 비행시간은 약 한 시간 정도다. 하지만 김포공항까지 가는 시간과 탑승 준비 시간이 상당하고 김해공항에서 다시 부산 시내까지 이동하는 데에도 한 시간 이상이 소요되기 때문에 시간이 크게 절약되지는 않는다. 대한항공(1588-2000)과 에어부산(1588-3060), 아시아나항공(1588-8000)이 오전 7시부터 오후 9시까지 한 시간 간격으로 운항하고 있다.

김해공항에서 시내까지는 공항리무진이나, 시내버스, 경전철, 택시를 이용해서 이동할 수 있다. 공항리무진은 국내선 청사 앞 2번 승강장, 시내버스는 3번 승강장에서 타면 된다. 부산김해경전철은 김해공항역에서 출발해 대저역에서 3호선을 갈아타거나 사상역에서 2호선을 갈아타면 시내로 갈 수 있다.

김해공항에서 버스로 시내를 들어가는 방법!

리무진 버스 (해운대 방면)
- 해운대까지 약 1시간 30분 소요(광안리-센텀시티-해운대해수욕장-해운대신시가지)
- 오전 6시 50분부터 오후 10시까지 30~35분 간격 운행
- 성인 7,000원 소인 4,500원
- (주)태영버스 051-972-7747, www.tygr.co.kr/renewal

리무진 버스 (서면/남포동 방면)
- 남포동까지 약 1시간 소요(서면-부산역-연안여객터미널-중앙동-남포동)
- 오전 7시부터 오후 9시 50분까지 40~50분 간격 운행
- 성인 6,000원 소인 4,000원
- (주)태영버스 051-972-7747, www.tygr.co.kr/renewal

307번 시내버스 (해운대 방면)
- 해운대까지 약 1시간 30분 소요(구포-동래-수영-센텀시티-해운대해수욕장)
- 오전 5시 15분부터 오후 11시 20분까지 15~20분 간격 운행
- 성인 1,200원
- (주)일광여객 051-746-0071~2

도심까지 연결되는 기차

서울에서 부산까지는 KTX와 새마을호, 무궁화호가 운행하고 있다.
KTX는 약 2시간 40분(구포 경유 KTX는 3시간), 새마을호는 5시간,
무궁화호는 5시간 40분 정도 소요된다.
부산역이 남포동 가까이에 있어서 기차를 타고 오면 곧장 여행을 시작할 수 있는
장점이 있다. 부산역과 지하철 1호선이 연결되어 있어서 남포동까지는 10분,
해운대까지도 30~40분 정도면 이동할 수 있다.
KTX의 경우 마주보고 앉을 수 있는 동반석을 구매하면
40% 가까이 할인된 가격에 승차권을 구매할 수 있다.

부산역에서 주요 권역 이동이 편리하다!

지하철 1호선
(서면 방면)
- 서면역까지 약 12분 소요
- 첫차 오전 5시 27분
  막차 오후 11시 50분
- 현금 1,300원 교통카드 1,200원
- 부산교통공사 1544-5005

지하철 1호선
(남포동 방면)
- 남포동까지 약 5분 소요
- 첫차 오전 5시 48분
  막차 밤 12시 11분
- 현금 1,300원 교통카드 1,200원
- 부산교통공사 1544-5005

지하철 1호선
(해운대 방면)
- 해운대까지 약 40분 소요(서면역에서 2호선 장산행으로 환승)
- 첫차 오전 5시 27분
  막차 오후 11시 50분
- 현금 1,500원 교통카드 1,400원
- 부산교통공사 1544-5005

시간이 걸리지만 저렴한 고속버스

비행기나 KTX는 요금이 부담스럽고 직접 차를 몰고 부산까지 오기도
어려운 사람이라면 고속버스를 추천한다.
시간이 다소 걸리기는 하지만 저렴한 요금과 비행기나 KTX,
승용차보다 훨씬 편한 좌석이 장점이다.
강남터미널에서는 오전 6시부터 다음 날 새벽 2시까지 30분 간격,
동서울터미널에서는 오전 6시 30분부터 오후 11시 50분까지
1시간 30분 간격으로 하루 11차례 부산까지 운행한다.
소요 시간은 약 4시간 20분. 새벽 시간에 출발하는 심야버스를 타면
아침 일찍 도착하기 때문에 숙박비용을 줄일 수 있다.
부산종합터미널은 지하철 1호선 노포역이 연결되어 있어서 그다지 불편함은 없다.

노포역에서 도심으로 진입할 수 있다!

지하철 1호선
(서면/남포동 방면)

- 서면까지 약 30분, 남포동까지 약 45분 소요
- 첫차 오전 5시 10분, 막차 오후 11시 33분
- 현금 1,500원 카드 1,400원
- 부산교통공사 1544-5005

지하철 1호선
(해운대 방면)

- 해운대까지 약 45분 소요
- 첫차 오전 5시 10분, 막차 오후 11시 33분
- 현금 1,500원 카드 1,400원
- 부산교통공사 1544-5005

[영도 · 송도 권역 일일 투어]

- 09:00 부산역 도착
- 10:00 051 흰여울길에서 이국적인 정취 느끼기
- 11:00 048 삼진어묵 베이커리 다녀오기
- 12:00 040 롯데백화점 하늘공원에서 영도대교 도개식 보기
- 13:30 050 절영해안산책로 걷기
- 15:00 049 국립해양박물관에서 바다와 친해지기 or
  062 송도해수욕장에서 해양레포츠 즐기기
- 17:30 046 해질녘 감천문화마을 골목길 느리게 걷기
- 19:00 060 천마산 전망대에서 부산 야경 보기

[부산역 · 남포동 권역 일일 투어]

- 09:00 부산역 도착
- 09:30 052 초량 이바구길 산책
- 12:00 055 초량 차이나타운 중남해에서 짬뽕 먹기
- 14:00 056 40계단 테마거리에서 옛날 부산 만나기 &
  예술가들이 만든 골목길 또따또가 탐험하기
- 15:30 042 남포동 BIFF 광장에서 신나게 군것질 하기
- 16:00 045 보수동 책방골목과 국제시장 탐험
- 17:30 059 부민동 임시수도길 걷기
- 19:00 047 부평깡통야시장 4대 명물로 허기진 배 달래기
  057 공순대에서 부산순대 맛보기

남포동 · 영도

부산의 참 멋을 느낄 수 있는 원도심

위치	부산광역시 중구 중앙동7가 20-1 롯데백화점 광복점
내비게이션	롯데백화점 광복점
가는 법	지하철 1호선 남포역에서 지하로 바로 연결
전화	051-678-2500
영업시간	오전 10시 30분~오후 8시, 오후 2시~오후 2시 15분(영도대교 도개 시간)
주변 여행지	광복로 패션거리, 용두산공원, 자갈치시장, 건어물시장, 국제시장, 부평시장, BIFF 광장, 사해방(중화요리), 종각집(우동), 할매집 회국수

040

반세기 만에 부활한 영도대교 도개식 내려다보기

영도대교

부산사람들에게는 영도다리로 더 친숙한 영도대교는 1934년 국내 최초로 바다에 세워진
해상가교이자 다리 상판을 들어 올릴 수 있는 국내 유일의 도개교였다.
요란한 사이렌 소리와 함께 육중한 다리가 수직으로 올라갈 때마다 사람들이 구름처럼
몰렸다고 하니 당시로서는 그야말로 장관이었던 셈. 한국전쟁 때는 피란민들이
가족을 찾기 위해 모였던 민족 애환의 장소이기도 하다.

그런 영도대교가 지난 2013년 현대적으로 복원됐다. 도개식도 47년 만에 부활했다.
왕복 6차선의 거대한 도로가 하루 한 차례 하늘로 치솟는 모습은
예나 지금이나 대단한 볼거리다. 도개식을 제대로 보고 싶다면
롯데백화점 광복점 하늘공원이 안성맞춤이다. 영도대교는 물론이고
남포동과 자갈치시장, 영도, 부산항 등을 한눈에 조망할 수 있는 최고의 전망대다.

위치	부산광역시 중구 남포동6가 10 경북대구횟집
내비게이션	자갈치시장, 경북대구횟집
가는 법	지하철 1호선 자갈치역 10번 출구→자갈치시장 내 경북대구횟집까지 250m(도보 5분)
전화	051-246-9762
영업시간	오전 8시~밤 12시
주변 여행지	건어물시장, BIFF 광장, 국제시장, 영도대교, 용두산 공원, 롯데백화점 하늘공원

041
저렴하고 맛있는 생선구이 정식 먹어보기
자갈치시장 '경북대구횟집'

부산을 찾는 관광객들은 자갈치시장에서 주로 회를 사먹지만
부산 사람들은 회보다 생선구이 정식을 더 많이 찾는다.
다양하고 싱싱한 생선을 저렴한 가격에 맛볼 수 있기 때문이다.
자갈치시장 곰장어 거리 주변에 생선구이 정식을 파는 식당들이 많이 있다.
가격은 1인 당 7,000~8,000원 선.
고소한 생선구이 냄새가 코끝에 전해 오면 누구라도 피해갈 방법이 없다.

위치	부산광역시 중구 남포동5가 18
내비게이션	비프광장, BIFF 광장
가는 법	지하철 1호선 자갈치역 7번 출구→100m 직진 후 BIFF 광장 골목으로 좌회전(도보 5분)
전화	051-242-8253(창선관광안내소)
주변 여행지	국제시장, 용두산 공원, 광복로 패션거리, 깡통시장, 자갈치시장, 족발거리

042

부산의 중심 남포동에서 신나게 군것질하기
BIFF 광장

십수 년 전만 해도 부산의 중심은 남포동, 그중에서도 지금의 BIFF 광장이었다.
부산극장을 비롯해 대영극장과 부영극장 등 대형 영화관들이
BIFF 광장 일대에 죄다 모여 있었으니 청춘남녀들이 하염없이 몰려드는 건 당연했다.
하지만 멀티플렉스의 등장으로 남포동 영화거리는 역사의 뒤안길로 사라지고 말았다.
부산국제영화제를 계기로 BIFF 광장이라는 이름을 얻으면서
다시 활력을 얻은 건 그나마 다행.

요즘 BIFF 광장은 영화보다 먹거리로 더 유명세를 떨치고 있다. 영화 관객들이 즐겨 먹던
군것질 거리들이 진화에 진화를 거듭하면서 외국인 관광객들까지 사로잡고 있다.
BIFF 광장의 명물이 된 씨앗호떡을 시작으로 매콤한 떡볶이와 담백한 부산어묵,
만두와 오징어까지 군것질 삼매경에 풍덩 빠져보자.

위치	부산광역시 중구 남포동1가 61
내비게이션	건어물도매시장
가는 법	지하철 1호선 남포역 4번 출구 → 직진 후 건어물도매시장으로 좌회전(도보 3분)
전화	051-254-3311
주변 여행지	자갈치시장, 영도대교, 롯데백화점 하늘공원, BIFF 광장, 용두산 공원

043

적산가옥이 즐비한 건어물시장에서 근대 역사 되돌아보기
건어물도매시장

남포동에 위치한 건어물시장에는 적산가옥이라고 일컬어지는
일본식 건물들이 여전히 많이 남아 있다.
일본인 집단거주지였던 왜관이 남포동에 있었던 까닭에
지금까지도 그 흔적을 곳곳에서 발견할 수 있다.
우리에게는 아픈 상처이지만 그 또한 기억해야 할 역사다.
부산의 근대를 이해하기 위해서라도
부산 여행자라면 한 번쯤 둘러봐야 할 곳이다.

위치	부산광역시 중구 광복동2가 광복동패션거리
내비게이션	광복동패션거리
가는 법	지하철 1호선 남포역 7번 출구 바로 앞부터 광복동패션거리
전화	051-256-1255(부산광복동문화포럼)
이때 가면 딱 좋아!	12월
주변 여행지	BIFF 광장, 영도대교, 자갈치시장, 건어물시장, 용두산 공원

044

화려한 일루미네이션과 함께 크리스마스 분위기에 흠뻑 젖어보기
광복동 부산트리문화축제

오래도록 부산 문화의 중심지였던 광복동.
부산에서 제일 큰 시장도, 제일 큰 서점도, 제일 큰 영화관도 모두 광복동에 있었다.
부산의 상징과도 같은 그곳에서 매년 겨울 성대한 크리스마스 트리축제가 펼쳐진다.
아름다운 불빛으로 가득한 광복로는 그 자체가 거대한 크리스마스트리다.
사랑하는 사람과 손을 잡고 그 속을 걷는 것만으로도
행복함이 물밀 듯 밀려오는 마법의 축제다.
왠지 모를 흥청거림에 몸을 맡기고 크리스마스 분위기에 흠뻑 젖어보자.

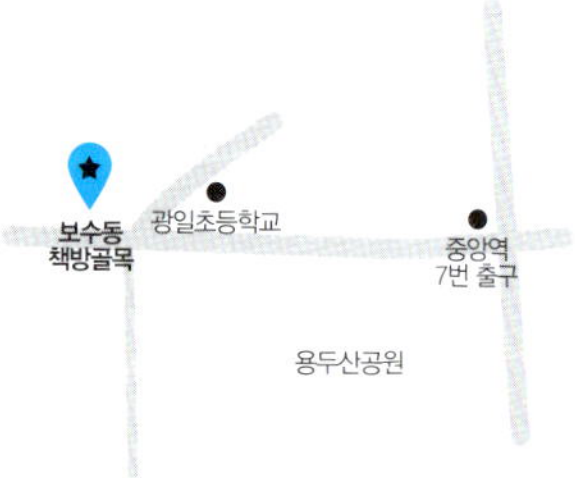

위치	부산광역시 중구 보수동1가 124-15
내비게이션	보수동 책방골목
가는 법	지하철 1호선 중앙역 7번 출구→보수동 책방골목까지 800m 직진(도보 12분)
전화	051-242-8253(창선관광안내소)
주변 여행지	국제시장, BIFF 광장, 광복로 패션거리, 자갈치시장, 부평시장, 용두산 공원, 족발골목

045

대한민국 유일의 헌책방 골목에서 시간의 흔적 찾아보기
보수동 책방골목

보수동 책방골목은 60년이 넘는 역사를 지닌
대한민국 유일의 헌책방 골목이다.
한국전쟁 당시 피란민에 외국 선박까지 부산으로 몰려들면서
난전 책방들이 생겨나기 시작했고 그 명맥이 지금껏 이어지고 있다.
오래된 고서적부터 신간까지 다양한 책들을 만날 수 있는 곳.
보수동 책방골목만 둘러봐도 한나절은 훌쩍 달아나버린다.
책방 골목 안쪽에 자리한 '우진스낵'의 야채고로케도 놓치지 말자.

위치	부산광역시 사하구 감천2동 10-13
내비게이션	감천문화마을
가는 법	지하철 1호선 토성역 6번 출구 → 버스 정류장에서 마을버스 사하1-1, 서구2, 서구2-2 승차 → 감천문화마을 정류장에서 하차
전화	051-293-3443
주변 여행지	천마산 조각공원, 임시수도기념관, 부산근대역사관, 암남공원, 송도해수욕장

046

해질녘 미로처럼 얽힌 골목길 탐험하기

감천문화마을

부산의 산토리니, 부산의 마추픽추로 불리며
부산의 명소로 떠오른 감천문화마을.
한국전쟁 당시 피란민들이 산꼭대기까지 집을 짓고 살던
부산의 주거문화를 지금껏 간직하고 있는 곳이다.
산자락을 따라 계단식으로 들어선 집들과 미로처럼 연결돼 있는 골목길은
부산에서만 볼 수 있는 독특한 풍경이다.
해질 무렵, 골목길 사이사이로 가로등 불이 켜질 때 마을 탐험을 시작하자.
부산의 참 멋을 고스란히 느낄 수 있다.
낮에 간다면 느릿느릿 스탬프 투어를 즐겨도 좋다.

위치
부산광역시 중구 부평동2가 18-2
내비게이션
부평깡통시장
가는 법
지하철 1호선 자갈치역 3번 출구 → BIFF 거리 방면 좌회전 후 부평깡통시장까지 370m 직진(도보 7분)
전화
051-243-1128
주변 여행지
국제시장, 보수동 책방골목, BIFF 광장

047

야시장 4대 명물로 만 원의 행복 느껴보기
부평깡통야시장

전국 최초의 상설 야시장으로 전국구 명물이 된 부평깡통야시장은
먹자골목으로도 유명세를 떨치고 있다. 부산의 전통 음식들은 물론이고
베트남과 터키, 인도 등 세계 각국의 음식들을 한자리에서 맛볼 수 있어서
미식가들의 발길이 밤늦도록 끊이지 않는다.
특히 어묵과 유부보따리, 팥죽, 수수부꾸미는 반드시 맛봐야 할
부평깡통시장 4대 명물로 인기가 높다. 단돈 10,000원이면 이 모든 것을
배부르게 먹을 수 있으니 주저할 이유가 없다. 부평깡통야시장 입구에 위치한
부평동 족발골목의 냉채족발도 놓치지 말자. 시원하면서도 톡 쏘는 상큼한 맛이
족발 특유의 쫄깃한 식감과 어우러져 입맛을 자극한다.
'부산족발'과 '한양족발'이 양대 산맥으로 손꼽힌다.

위치
부산광역시 영도구 봉래동2가 39-1
내비게이션
부산삼진어묵, 삼진어묵베이커리, 삼진어묵역사관
가는 법
지하철 1호선 남포역 2번 출구→버스정류장에서 11번, 70번 버스 승차→영도봉래시장 정류장 하차→골목 안 쪽 부산삼진어묵까지 80m(도보 2분)
전화
051-412-5468(www.samjinfood.com)
영업시간
오전 9시~밤 10시
주변 여행지
영도대교, 절영해산책로, 태종대, 영선동 흰여울길, 국립해양박물관

048

눈도 입도 즐거운 부산어묵의 변신, 어묵베이커리 구경하기
봉래동 '삼진어묵베이커리'

요즘 부산에서 가장 핫한 플레이스는 단연 '삼진어묵베이커리'다.
흔히 먹는 사각 어묵 대신 김말이 어묵, 땡초 어묵 등
이름도 낯선 각양각색의 어묵을 만날 수 있는 곳이다.
매장은 고급 베이커리 못지않게 세련되고 쾌적하다.
3대째 이어오는 전통에 맛과 아이디어를 더해 부산어묵의 변신을 이끌고 있다.
매장 2층에는 아이들을 위한 어묵 만들기 체험장과 삼진어묵 역사관도 마련돼
관광 명소로도 인기를 끌고 있다.
최근에는 어묵에 빵가루를 입혀 튀긴 어묵 고로케가 선풍적인 인기를 끌고 있다.
소에 따라 다양한 맛을 지닌 어묵 고로케를 골라 먹는 재미도 놓치지 말자.
부산역과 롯데백화점 서면점에도 매장이 있다.

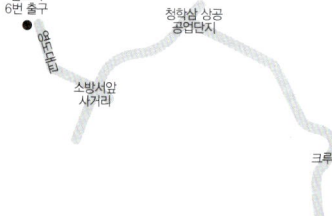

위치	부산광역시 영도구 동삼동 1125-39
내비게이션	국립해양박물관
가는 법	지하철 1호선 남포역 6번 출구 → 버스 정류장에서 66번 버스 승차 → 국립해양박물관 정류장에서 하차
전화	051-309-1900(www.nmm.go.kr)
운영 시간	오전 9시~오후 6시(월요일 휴무)
주변 여행지	태종대, 절영해안산책로, 흰여울길, 삼진어묵베이커리

049

바다거북과 상어가 헤엄치는 수족관 터널 지나며 바다 생태 배우기
국립해양박물관

오륙도가 바라보이는 영도 해안가에는 국립해양박물관이 있다.
거대한 유람선 같기도 하고 비행물체 같기도 한 건물 속에서는
해양문화와 역사, 산업, 생물, 선박 등 해양과 관련된 다양한 기획전시를 만날 수 있다.
특히 어린이를 위한 4D 영상관과 해양 수족관은 인기 만점.
바다거북과 상어가 헤엄치는 모습을 생생하게 볼 수 있는
수족관 터널은 해양박물관의 필수 코스다. 게다가 무료!
바다가 보이는 전망 좋은 카페도 놓치지 말자. 박물관 4층에 있다.

위치	부산광역시 영도구 영선동4가 1424-6
내비게이션	절영해안산책로
가는 법	지하철 1호선 남포역 6번 출구 → 버스 정류장에서 7번, 71번, 85번, 508번 버스 승차 → 부산보건고 정류장 하차 → 절영해안산책로까지 350m(도보 5분)
전화	051-419-4064(영도구청)
주변 여행지	삼진어묵역사관, 영도대교, 절영산책로, 국립해양박물관, 태종대

050

대마도가 보이는 해안길 따라 호젓하게 걸어보기
절영해안산책로

어릴 적, 영도에서 온 친구들을 섬소년이라 불렀다.
같은 부산이지만 섬에서 왔다는 걸 강조하는 우스갯소리다.
영도는 해안선이 30km에 이르는 꽤 큰 섬이다.
울창한 해송과 기암괴석이 어우러진 해안 풍경은 대도시에 속한 섬이라는 사실을
잊을 만큼 이채롭다. 영도에서 가장 유명한 관광지는 태종대지만
부산 사람들은 그보다 절영해안산책로를 추천한다.
영도 남서쪽 해안을 따라 중리 해변까지 3.2km 구간에 조성된 절영해안산책로는
철썩이는 파도 소리를 들으며 호젓하게 걷기에 좋다.
부산항에 정박하기 위해 대기 중인 대형 선박들을 보는 재미도 색다르다.
공기가 깨끗한 날 산책로 중간에 조성된 대마도전망대에 오르면
두 눈으로 직접 대마도를 볼 수도 있다.

위치	부산광역시 영도구 영선동4가 흰여울길
내비게이션	흰여울길, 동산아파트
가는 법	지하철 1호선 남포역 6번 출구→버스정류장에서 7번, 71번, 508번 승차→영선아파트 정류장 하차→흰여울길까지 100m(도보 3분)
전화	051-419-4064(영도구청)
주변 여행지	삼진어묵역사관, 영도대교, 절영해안산책로, 국립해양박물관, 태종대

051

바닷가 절벽 위 마을에서 이국적인 정취 만끽하기
영선동 흰여울길

영도 영선동의 흰여울길은
영화 〈변호인〉의 촬영지로 유명세를 타고 있다.
해안 절벽에 위치한 마을이라 그리스 산토리니도 부럽지 않은 경치를 자랑한다.
커다란 외항선들이 마을 앞바다에 정박해 있는 모습을 보고 있으면
마치 외국의 어느 섬에 와 있는 듯한 착각마저 든다.
항구 도시 부산의 매력을 제대로 느낄 수 있는 곳.

위치	부산광역시 동구 초량동 1207-7
내비게이션	부산역(지하철1호선), 옛백제병원, 초량교회, 이바구공작소, 유치환의 우체통
가는 법	지하철 1호선 부산역 7번 출구 → 50m 전방 중앙대로 209번 길로 좌회전 → 이바구길 이정표 따라 진행
전화	051-467-7887(2bagu.co.kr)
주변 여행지	초량 차이나타운, 중남해(짬뽕), 홍성방(만두)

052

시간이 멈춘 듯한 골목길 걸으며 부산 사람들의 삶 엿보기
초량 이바구길

부산 사람들의 삶을 오롯이 느끼고 싶다면 이바구길이 딱이다.
이바구는 이야기의 경상도 사투리다. 이바구길에는 그래서 이야기가 가득하다.
골목골목마다 부산의 근현대 역사가 고스란히 남아 있고 길에서 마주치는
할매, 할배들이 들려주는 이바구 속에는 피란민들의 아픔이 생생하게 묻어 있다.
최초의 근대식 개인병원인 '백제병원'이 출발점이다. 최초의 물류창고였던 '남선창고' 터,
구한말 호주 선교사가 지은 '초량교회' 등을 지나 '168 계단'까지 오르면 숨이 턱까지
차오른다. 이윽고 '김민부 전망대'에 도착하면 부산항이 발아래로 시원스레 펼쳐진다.
그래도 힘이 남았다면 '유치환의 우체통'으로 이름 붙여진 전망대와 카페까지 올라가자.
기막힌 전망이 당신을 기다리고 있다. 이바구길을 다 둘러보려면 넉넉잡아
3시간 정도가 필요하다. 다리가 불편하다면 매주 토·일요일에 운행하는
산복도로 상상투어버스 www.woorimaeul.or.kr 를 이용하면 된다.

위치
부산광역시 동구 초량2동 377-8
내비게이션
오스테리아부부
가는 법
지하철 1호선 부산역 7번 출구→200m 직진 후→국민은행 골목길로 좌회전, 골목 입구에 위치(도보 5분)
전화
051-466-6190
영업시간
런치 오전 11시 30분~오후 2시, 디너 오후 5시~밤 11시, 매주 월요일 휴무
가격
코스요리 점심 25,000원/35,000원/코스요리 저녁 35,000원/50,000원
주변 여행지
이바구길, 초량 차이나타운, 중남해(짬뽕)

053

부부셰프의 손맛이 일품인 이탈리안 레스토랑에서 부산여행 완성하기
초량 '오스테리아부부'

10명 남짓 앉을 수 있는 바에 엉덩이를 붙이고 앉아
요리에만 집중하는 자신을 발견할 수 있는 곳, '오스테리아부부'다.
가게가 작다고 얕보면 큰 코 다친다.
일본인 아내와 한국인 남편이 만드는 요리들은 고급 호텔 레스토랑 못지않다.
고소함의 절정인 크림파스타와 입에서 살살 녹는 스테이크를
함께 먹을 수 있는 코스 요리가 인기 메뉴.
부산역 앞에 위치해 있어서 부산을 떠나기 전
마지막 만찬을 즐기기에 좋은 곳이다.

위치	부산광역시 동구 초량동 1204-1
내비게이션	부산역, 한국교직원공제회 부산회관, 아리랑호텔
가는 법	지하철 1호선 부산역 6번 출구 → 아리랑호텔 맞은편 시티투어버스 승강장
전화	1688-0098(www.citytourbusan.com)
출발 시간	10월~4월 저녁 7시, 5월~9월 저녁 7시 30분(2시간 30분소요)
가격	성인 15,000원/소인 8,000원
주변 여행지	초량 차이나타운, 이바구길, 산복도로

054

시티투어버스 타고 다이나믹한 야경 투어 떠나기

부산시티투어버스

야경의 도시라 해도 과언이 아닐 만큼
부산의 밤 풍경은 하루가 다르게 화려해지고 있다.
이런 부산 야경을 가장 다이나믹하게 만나는 방법.
바로 시티투어버스로 즐기는 야경 투어다.
광안리해수욕장을 비롯해 해운대와 광안대교, 금련산 전망대 등
부산의 야경 명소를 빠짐없이 둘러볼 수 있어서
관광객은 물론이고 부산 사람들에게도 인기 만점이다.
매일 저녁 한 차례만 운행하기 때문에
서둘러 예약하지 않으면 놓치기 십상이다.

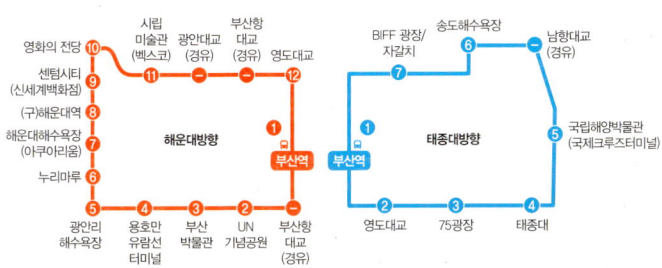

위치
부산광역시 동구 초량1동 609-2
내비게이션
중남해
가는 법
지하철 1호선 부산역 1번 출구→초량차이나타운으로 우회전→중남해까지 100m(도보 3분)
전화
051-469-9333
영업시간
오전 11시 30분~저녁 8시 30분(브레이크 타임 오후 2시~오후 5시 30분)
가격
짬뽕 7,000원
주변 여행지
이바구길, 부산시티투어버스, 초량 차이나타운

055

해산물이 듬뿍 들어간 부산 최고의 짬뽕 만나기
초량 '중남해'

해산물이 풍부한 부산은 짬뽕 맛도 남다르다.
어른 주먹만 한 게와 살이 토실토실 오른 홍합, 두툼한 오징어 등
싱싱한 해산물을 넘치도록 넣고 끓인 짬뽕 한 그릇은 보약이나 다름없다.
시원하면서도 담백한 국물과 쫄깃한 면발의 조화도 좋지만
양념이 잘 밴 해산물을 건져 먹는 재미 또한 기가 막히다.
초량 차이나타운에 위치한 중남해의 짬뽕을 추천한다.
롯데호텔 중식당 출신답게 셰프의 손맛이 일품이다.

위치	부산광역시 중구 중앙동4가 40계단테마거리
내비게이션	40계단테마거리
가는 법	지하철 1호선 중앙역 11번 출구→40계단거리까지 50m(도보 2분)
전화	051-600-4041(중구 문화의 집)
주변 여행지	40계단기념관, 또따또가, 부산데파트, 광복동 패션거리, 영도대교, 동해남부선(부산식 우동), 수미르공원

056

피란민들의 애환이 서린 40계단 거리에서 옛날 부산 마주하기
중앙동 40계단 테마거리

지금의 중앙동 일대는 한국전쟁 당시 피란민들의 판자촌이
밀집되어 있던 곳이었다. 난리통에 고향을 떠나 생존에 몸부림치던 민초들의
고단함이 거리 곳곳에 깊이 뱄다.
60년도 훌쩍 지난 지금 이 일대는 40계단 테마거리로 변신해
옛 추억을 떠올리게 한다. 나무로 만든 전신주와 기찻길, 오래된 영화 포스터 등이
부산의 옛 모습을 실감나게 보여준다.
테마 거리 주변에는 최근 들어 예술가들의 창작 공간인 '또따또가'가 들어서
새롭게 활기를 불어 넣고 있다. 유난히 작고 아기자기한 카페와 음식점들이 많아
요즘 부산 여행가들 사이에 핫 플레이스로 떠오르고 있다.

위치	부산광역시 중구 부평동2가 77
내비게이션	공순대
가는 법	지하철 1호선 자갈치역 3번 출구→BIFF 광장 방향으로 좌회전 후 부평깡통시장 입구까지 390m 직진→부평깡통시장 아케이드 진입해 다시 직진 후 세 번째 골목에서 좌회전(도보 15분)
전화	051-231-9209
영업 시간	오전 11시~밤 11시
가격	모듬순대 15,000원, 순대전골/곱창전골 25,000원.
주변 여행지	부평깡통야시장, 족발골목, BIFF 광장, 국제시장, 보수동 책방골목

057

이것이 바로 부산 스타일! 쌈장에 순대 찍어 먹기
부평동 '공순대'

순대를 소금에 찍어 먹다니! 부산 사람들에게는 실로 충격적인 일이다.
그들은 순대를 쌈장에 찍어 먹으니까. 외지 사람들은 그게 더 이상하다고 하지만
천만의 말씀. 맛깔난 쌈장에 순대 한 점을 푹 찍어 입안에 넣으면 두 눈이 휘둥그레진다.
구수하면서도 짭조름한 맛이 순대의 속과 어우러지며
색다른 음식으로 변하기 때문이다. 안 먹어 보면 모른다.

함경도 원산에서 내려온 피란민 3세가 운영하는 부평동 공순대가 부산에서는
손꼽히는 순대집이다. 부산의 유명 순댓국밥집은 죄다 이 집 순대를 가져다 쓸 만큼
사장님 손맛이 일품이다. 그날 잡은 막창만 쓰고 막창 손질에 반나절을 매달릴 정도로
공을 들이는데다 선지를 넣지 않아 텁텁함이 없다.
부산에서는 흔하지 않은 가자미 식해를 먹을 수 있는 것도 장점.

위치	부산광역시 서구 남부민동 691-3
내비게이션	부산공동어시장
가는 법	지하철 1호선 자갈치역 2번 출구→부산공동어시장 방면으로 직진→공동어시장까지 900m(도보 15분)
전화	051-254-8961
주변 여행지	자갈치시장, 송도해수욕장, 천마산, 감천문화마을

058

뱃사람들과 함께 활기찬 아침 맞이하기
부산공동어시장

부산 서구 공동어시장은 새벽부터 분주하다.
밤새 조업한 배들이 부두에 생선을 내려놓으면 이내 경매가 시작된다.
하루에 거래되는 수산물 양만 400톤.
경매사들의 현란한 손짓으로 그 많던 생선이 다 팔릴 즈음에야 해가 밝아온다.
바닷사람들의 활기를 느끼고 싶다면 이른 새벽 공동어시장으로 달려가자.
경매는 새벽 6시를 전후해 시작된다.
공동어시장 건물 2층에 자리한 구내식당에서는
싱싱한 고등어로 만든 고등어조림을 맛볼 수 있다.

위치	부산광역시 서구 부민동3가 22
내비게이션	임시수도기념관
가는 법	지하철 1호선 토성역 2번 출구 ··160m 직진 후 부민사거리에서 좌회전→임시수도기념관까지 150m(도보 10분)
전화	051-244-6345(monument.busan.go.kr)
운영 시간	오전 9시~오후 6시, 매주 월요일 휴무
주변 여행지	동아대박물관(임시수도 정부청사), 부산근대역사관, 보수동 책방골목, 부평시장, 국제시장

059

임시수도길 걸으며 부산의 근대 역사 배우기
임시수도기념관

한국전쟁 기간 임시수도로 피란민을 보듬었던 부산은
갖가지 사연과 아픔, 애환이 뒤섞이며 어느 도시도 갖지 못한
역사적 유산을 가지게 됐다.
일제강점기 현재의 서구 부민동에 지어진 경남지사 관사는 서양식과 일본식을
혼합해 지은 독특한 근대건축물로 우리의 아픈 역사를 고스란히 담고 있다.
한국전쟁이 터지면서 임시정부 대통령 관저로 활용되다
임시수도 기념관으로 조성돼 지금에 이르고 있다.
인근의 동아대 부민캠퍼스에는 임시수도 정부청사가 있다.
경남도청 건물이었던 것이 정부청사로 바뀌었고 지금은 동아대박물관으로
활용되고 있다. 일제강점기 때 동양척식주식회사 부산지점이었던
근대역사관도 함께 둘러보면 좋다.

위치	부산광역시 서구 남부민동 산4-9 천마산조각공원
내비게이션	천마산조각공원, 천마산 조각공원 입구, 감정초등학교
가는 법	지하철 1호 토성역 6번 출구→버스 정류장에서 마을버스 사하1-1, 서구2, 서구2-2 승차→ 감천문화마을 정류장에서 하차→ 감성초등학교 옆길 따라 전망대까지 700m(도보 15분)
전화	051-240-4542(서구청)
주변 여행지	감천문화마을

060

천마산 전망대에서 부산 야경의 정수 두 눈에 담기
천마산조각공원

부산의 여러 야경 포인트 중에 단연 돋보이는 곳은 천마산이다.
천마산에 오르면 부산의 상징과도 같은 부산항과 남포동, 영도를
한눈에 볼 수 있는 것은 물론이고 날씨가 좋을 때는
멀리 신선대부두와 오륙도, 해운대 달맞이고개까지 조망할 수 있다.
그야말로 부산 전체를 한눈에 담을 수 있는 부산 야경의 정수와도 같은 곳이다.
해가 지면 불을 밝힌 도시의 분주함과 어둠이 찾아오는 바다의 고요함이 뒤섞이면서
부산 특유의 밤풍경을 맛볼 수 있다.
산책로 입구에서 15분 정도만 오르면 전망대에 도착하기 때문에
남녀노소 누구나 가벼운 마음으로 다녀올 수 있다.

위치	부산광역시 동구 초량동 827-44 유치환의 우체통
내비게이션	유치환의 우체통
가는 법	지하철 1호선 범내골역 7번 출구 - · 버스정류장에서 86번, 186번 승차 → 부산컴퓨터과학고 등학교 정류장 하차
전화	051-440-4282(동구청)
주변 여행지	이바구길, 유치환의 우체통, 김민부 전망대, 민주공원

061

구불구불 이어지는 부산 최고의 전망대 버스 타고 달려보기
초량 산복도로

유난히 산이 많은 부산. 그래서 산복도로도 많다.
구불구불 이어지는 도로 위로 시내버스가 씽씽 달리는 모습은
여행객들의 시선을 단번에 사로잡는다.
산복도로를 달리는 버스 창밖으로 바라보는 부산 풍경은 가히 압권!
지하철 1호선 범내골역에서 충무동 행 86번이나 청학동 행 186번 버스를 타면
산복도로를 제대로 경험할 수 있다.
중간에 내려서 걸어봐도 좋고 버스를 타고 끝까지 가도 좋다.

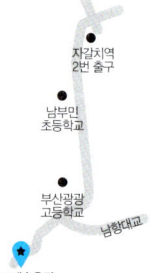

위치	부산광역시 서구 암남동 송도해수욕장
내비게이션	송도해수욕장
가는 법	지하철 1호선 자갈치역 2번 출구 → 길 건너 충무동교차로 버스 정류장에서 26번, 30번, 71번, 96번 버스 승차 → 송도해수욕장 하차 → 해수욕장까지 도보 6분
전화	051-240-4000(서구청)
주변 여행지	송도해안볼레길, 부산공동어시장, 천마산전망대, 감천문화마을, 자갈치시장

062

대한민국 최초의 공설 해수욕장에서 다양한 해양레포츠 즐기기
송도해수욕장

1913년에 문을 연 송도해수욕장은 대한민국 최초의 공설 해수욕장이다.
주변에 소나무가 많고 물이 맑아 60년대 초반까지는
부산에서 가장 붐비는 해수욕장이었다.
원도심인 남포동과 가까워서 당시로서는 최고의 입지를 갖춘 셈.
100년의 세월이 흐른 지금 송도해수욕장은 해양레포츠의 메카로 각광받고 있다.
특히 여름 피서철에는 송도해양레포츠센터를 중심으로
윈드서핑과 바나나보트, 카약, 제트보트 등 다양한 수상레포츠를 즐길 수 있다.
최근에는 해상 다이빙대도 복원돼 해양레포츠 마니아들의 발길이 줄을 잇고 있다.
해수욕장 주변 해안길에 조성된 송도해안볼레길도 함께 둘러보면 좋다.
코코넛 빙수를 먹을 수 있는 해변가 코코넛 카페도 놓치지 말자.

Traffic Info

부산의 대중교통 이용하기 A-Z

대한민국 제2의 도시인 부산은 서울만큼이나 대중교통이 잘 발달해 있다.
시내버스는 물론이고 4호선까지 개통된 도시철도가
부산 곳곳으로 잘 연결돼 있어서 어느 곳이든 편리하게 이동할 수 있다.
대도시라 교통이 늘 혼잡하기 때문에 승용차보다는
대중교통을 이용하는 편이 훨씬 빠르고 편안하다.
초보 여행자라면 지하철을 이용한 여행이 좋고 부산 구석구석을 여행하고 싶은
여행자라면 시내버스와 마을버스를 이용하면 된다.
부산시 버스정보관리시스템 bus.busan.go.kr 에서
버스 출발, 도착 시간 안내와 시간표 등을 자세하게 살펴볼 수 있다.

부산 구석구석 여행하기 좋은 시내버스

137개 노선에 2천 500여 대의 시내버스가 운행하고 있다.
일반과 좌석, 급행, 심야버스로 나눠지며 30분 이내에
지하철이나 마을버스로 갈아타면 환승 할인을 받을 수 있다.
(환승 가능 교통카드 사용 필수. 하차 시 카드 단말기에 교통카드 접촉)
환승 가능 선불 교통카드는 마이비, 하나로, 티머니, 이비이며
후불 교통카드는 롯데, BC, 하나, 현대, 삼성,
외환, 신한, 국민, 씨티, 농협이다.

일반버스
성인 1,300원(교통카드 1,200원)
청소년 900원(교통카드 800원)
어린이 400원(교통카드 350원)

좌석·급행버스
성인 1,800원(교통카드 1,700원)
청소년 1,700원(교통카드 1,350원)
어린이 1,300원(교통카드 1,200원)

심야버스 추가 요금
성인 400원
청소년 200원
어린이 200원

마을버스
성인 1,100~1,300원
(교통카드 900~1,160원)
청소년 700~900원
(교통카드 560~760원)
어린이 300원(교통카드 260원)

초보 여행자에게 편리한 도시철도

부산에는 모두 4개의 지하철 노선과 1개의 경전철 노선이 운행중이다.
1호선은 노포에서 신평, 2호선은 양산 호포에서 장산, 3호선은 수영에서 대저,
4호선은 미남에서 안평까지 운행한다. 부산과 김해를 잇는 부산김해경전철은
부산 사상에서 김해 가야대입구까지 운행한다.
4개의 지하철 노선이 부산 각지로 뻗어 있어서 어지간한 지역은 지하철로 이동할 수 있다.
가장 빠르고 편리해 여행객들이 주로 이용하는 교통수단이다.
서울 지하철에 비해 객실이 좁은 것이 특징인데
출퇴근 시간을 제외하면 그리 많이 붐비지는 않는다.

부산 지하철 1~4호선

- 성인 1구간 1,300원(교통카드 1,200원), 2구간 1,500원(교통카드 1,400원)
- 청소년 1구간 1,050원(교통카드 950원), 2구간 1,200원(교통카드 1,100원)
- 어린이 1구간 650원(교통카드 600원), 2구간 750원(교통카드 700원)
- 1일승차권 4,500원(발매 당일 횟수 제한 없이 사용 가능)
- 7일승차권 20,000원(7일 동안 구간 제한 없이 20회 사용 가능)
- 1개월승차권 55,000원(30일 동안 구간 제한 없이 60회 사용 가능)

부산김해경전철

- 성인 1구간 1,300원(교통카드 1,200원), 2구간 1,500원(교통카드 1,400원)
- 청소년 1구간 1,050원(교통카드 950원), 2구간 1,200원(교통카드 1,100원)
- 어린이 1구간 700원(교통카드 600원), 2구간 800원(교통카드 700원)
- 부산 지하철 이용 후 30분 이내 환승시 500원

알아두면 요긴한 콜택시

해운대나 남포동 같은 유명 관광지에서는 늦은 밤까지
택시를 잡기가 힘든 경우가 많다.
콜택시 번호를 기억해두면 요긴하게 이용할 수 있다.
천여 대의 개인택시로 운영되는 '등대콜'이
서비스만족도도 높고 이용하기도 편리하다.

- 등대콜 051-600-1000
- 마린콜 051-750-0000
- 부산콜 051-200-2000
- 천사콜 051-204-1004
- 드림콜 051-555-5555

[기장 · 송정 권역]

- **09:00** 부산역 도착
- **10:00** 068 이색 등대 투어 떠나기
- **11:00** 071 대변항에서 멸치털이 구경하기
- **12:00** 065 연화리에서 갓 잡은 해산물 먹어보기 or
  066 송정집에서 분식으로 점심
- **14:00** 067 송정 롯데몰에서 신나게 쇼핑하기
- **16:00** 013 동해남부선 폐선로 산책하기(송정 → 해운대)
- **18:00** 022 웨스틴조선호텔 파노라마 라운지에서 우아하게 커피 한 잔
- **19:00** 023 파크하얏트부산 라운지바에서 로맨틱한 밤 보내기
- **22:00** 017 청사포에서 조개구이 먹으며 밤새기

기장·송정

로컬들이 사랑하는 호젓한 바닷가

위치	부산광역시 해운대구 송정동 712-2
내비게이션	송정해수욕장
가는 법	지하철 2호선 해운대역 7번 출구 → 버스 정류장에서 181번 버스 승차 → 송정해수욕장 입구 하차(100번, 100-1번, 63번, 39번, 141번, 200번, 38번은 송정1단지 주공아파트 하차) → 송정해수욕장까지 500m(도보 10분)
전화	051-749-5800(송정해수욕장임해행정봉사실)
이때 가면 딱 좋아!	6월~9월
주변 여행지	송정집, 송정서핑학교, PAZZI, 인어스커피, 아데초이, 송정토이뮤지엄, 해동 용궁사, 롯데몰 동부산점

063

부산 사람처럼 여유롭게 여름휴가 보내기
송정해수욕장

대한민국 최고의 해수욕장인 해운대에서 부산 사람을 찾기는 쉽지 않다.
전국 각지에서 몰려든 수십만 명의 피서객들을 피해
그들은 송정해수욕장으로 달려가니까!
해운대해수욕장에서 자동차로 불과 10분 남짓한 거리에 있지만
해운대해수욕장과는 비교할 수 없을 정도로 한적하고 평화롭다.
송정해수욕장에서 부산 사람처럼 여유롭게 바캉스를 즐겨보자.

위치	부산광역시 해운대구 송정동 711-9
내비게이션	송정서핑학교
가는 법	지하철 2호선 해운대역 7번 출구→버스 정류장에서 181번 승차→송정해수욕장 입구 하차(100번, 100-1번, 63번, 39번, 141번, 200번, 38번은 송정단지 주공아파트 하차)→송정해수욕장 방면(도보 15분)
전화	051-704-0664(송정서핑학교)
주변 여행지	송정집, PAZZI, 인어스커피, 아데초이, 토이뮤지엄, 해동 용궁사, 롯데몰 동부산점

064

서핑 천국 송정에서 신나는 서핑 배워보기

송정서핑학교

언제부터인가 서퍼들이 하나둘씩 송정해수욕장으로 모여들면서
송정은 캘리포니아 못지않은 서핑천국으로 변모했다.
대도시에서 서핑을 즐길 수 있다는 것만으로도 놀라운 일인데
초보자부터 상급자까지 모두가 즐길 수 있는 파도를
1년 내내 만날 수 있으니 서퍼들이 몰릴 수밖에.

송정해수욕장에는 초보자들을 위한 서핑학교는 물론이고
전문 서퍼들을 위한 숙소와 카페까지, 서퍼를 위한 모든 것이 잘 갖추어져 있다.
파도를 가르며 서핑을 즐기고 싶다면 당장 송정해수욕장으로 달려가자.
서핑을 배워보고 싶다면 송정 서핑 역사의 산 증인인 '송정서핑학교'를 추천한다.

위치	부산광역시 기장군 기장읍 연화리 신암선박출입항대행신고소
내비게이션	신암선박출입항대행신고소
가는 법	지하철 2호선 해운대역 7번 출구 → 버스 정류장에서 181번 버스 승차 → 연화리 정류장 하차 → 연화리 포장촌까지 430m(도보 6분)
영업 시간	오전 11시~오후 6시
가격	전복죽 1인 10,000원/해물모둠 小 25,000원/大 35,000원
주변 여행지	대변항, 젖병등대, 기장~월전 해안도로, 죽성성당, 롯데몰 동부산점, 해동용궁사

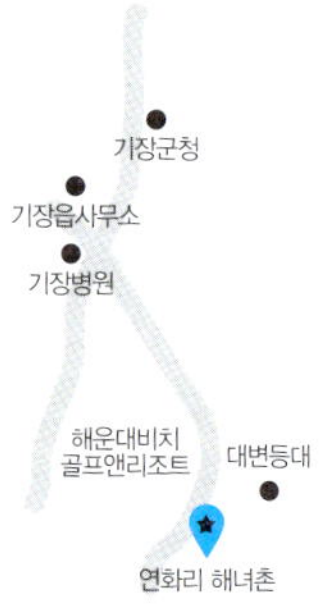

065

해녀가 살고 있는 연화리에서 갓 잡은 해산물 먹어보기
기장 연화리 해녀촌

기장군 연화리는 부산 사람들이 즐겨 찾는 포구다.
해녀들이 갓 잡아 올린 싱싱한 해산물을 맛볼 수 있기 때문이다.
놀라지 마시라. 기장군에만 무려 500명의 해녀가 등록되어 있다.
물론 실제 활동하는 사람은 수십 명에 지나지 않지만
대도시에서 활동하는 해녀들이니 특별함이 남다르다.
연화리 해변을 따라 길게 늘어선 횟집촌도 인기지만
분위기는 바닷가에 옹기종기 모여 있는 포장마차촌이 한 수 위다.
파도소리를 들으며 싱싱한 해물을 한 점 집어 물면 입 안 가득 진한 바다향이 퍼진다.
고소한 냄새가 진동을 하는 전복죽은 제주도에서 먹었던 것 이상이다.
'조씨할매'와 '쌍둥이엄마' 가게가 유명하다.

위치
부산광역시 해운대구 송정동 442-1
내비게이션
송정집
가는 법
지하철 2호선 해운대역 1번 출구→스펀지 앞 버스 정류장에서 39번, 141번, 100번, 100-1번, 200번 버스 승차→송정단지주공 정류장에서 하차→KT 방면으로 직진→송정집까지 600m(도보 10분)
전화
051-704-0577
영업시간
오전 11시 50분~밤 9시(브레이크 타임 오후 3시~오후 5시)
가격
비빔밥 6,500원/물국수 4,000원
주변 여행지
송정해수욕장, 아데초이, 인어스커피, 송정 토이뮤지엄, 롯데몰 동부산점

066

기본에 충실한 분식으로 기분 좋은 점심 먹기
송정 '송정집'

송정해수욕장 입구에 혜성 같이 등장한 '송정집'.
소박한 이름만큼이나 정갈한 음식을 맛볼 수 있는 분식 식당이다.
분식의 기본은 밥과 면. 기본에 충실하기 위해
매일 아침 도정한 백미로 밥을 짓고 면을 뽑는다.
상큼하면서도 담백한 비빔밥과 진한 멸치 육수에 파 맛이 잘 어우러진
물국수가 인기 메뉴다. 속이 꽉 찬 만두도 별미.
워낙 줄을 길게 서는 곳이라 식사 시간대를 피해서 가는 것이 좋다.

위치	부산광역시 기장군 기장읍 당사리 64
내비게이션	롯데몰 동부산점
가는 법	지하철 2호선 해운대역 1번 출구→스펀지 앞 버스 정류장에서 100번 승차→동부산 관광단지 정류장 하차→롯데몰 동부산점까지 230m(도보 5분)
전화	051-901-2500
영업시간	오전 10시~밤 9시
주변 여행지	송정해수욕장, 국립수산과학원, 오랑대, 해동 용궁사, 연화리 해녀촌, 기장~월전 해안 도로, 젖병등대, 기장짚불곰장어

067

아시아 최대 아울렛에서 알뜰하게 쇼핑하기

롯데몰 동부산점

최근 동부산관광단지에 문을 연 롯데몰 동부산점은 규모부터 남다르다.
아울렛 영업 면적만 55,400m²로 아시아 최대 크기.
부지가 워낙 넓어 지도를 보고 걷지 않으면 길을 잃어버리기 일쑤다.
입점한 브랜드 수도 500개 이상이어서
아울렛 쇼핑의 진수를 경험해볼 수 있다.
그리스 산토리니 풍의 인테리어와 동해바다가 내려다보이는
등대전망대도 명물로 떠올랐다.

위치	부산광역시 기장군 기장읍 연화리 서암마을회관
내비게이션	서암마을회관
가는 법	지하철 2호선 해운대역 7번 출구 → 버스 정류장에서 181번 버스 승차 → 연서교회 정류장 하차 → 서암마을회관까지 120m(도보 2분)
전화	051-709-5114(기장군청)
주변 여행지	연화리 해녀촌, 대변항, 기장~월전 해안도로, 죽성성당, 롯데몰 동부산점, 해동 용궁사

068

포구마다 개성만점! 이색 등대 투어 떠나기
기장포구 이색 등대

바다를 끼고 있는 부산에는 항구나 포구마다
각양각색의 등대들이 설치되어 있다.
출산 장려를 위해 만든 젖병등대를 비롯해
야구 도시 부산을 상징하는 야구등대, 돌고래등대와 마징가Z등대 등
등대만 구경해도 1박 2일이 모자랄 지경이다.
동해 바다와 맞닿은 기장군의 각 포구에서는
등대를 배경으로 멋진 일출을 볼 수 있으니 놓치지 말자.

위치	부산광역시 기장군 기장읍 죽성리 죽성성당
내비게이션	죽성성당, 드림성당
가는 법	지하철 2호선 해운대역 7번 출구→버스 정류장에서 39번 버스 승차→기장성당 정류장 하차→기장군 6번 마을버스 승차→두호 정류장 하차→죽성성당까지 400m(도보 5분)
전화	051-709-5114(기장군청)
주변 여행지	선암마을 찻병등대, 연화리 해녀촌, 기장~월전 해안도로

069

그림 같은 성당에서 영화 같은 일출 보기
기장 드림성당

SBS 드라마 〈드림〉의 세트장으로 활용됐던 기장 드림성당은
꽤 오랜 세월이 흐른 지금까지도 많은 사람들의 사랑을 받고 있다.
비록 드라마 세트지만 동해바다를 배경으로 서 있는 성당의 모습이
워낙 아름다워서 연중 관광객들의 발길이 끊이지 않는다.
한적한 어촌마을 해안가 절벽에 세워진 작은 성당은 그 자체로
멋진 피사체지만 압권은 역시 해가 뜨는 아침 풍경이다.
로맨틱한 성당 뒤로 붉은 태양이 불쑥 솟아오르는 모습은
흡사 영화의 한 장면 같다.

위치	부산광역시 기장군 기장읍 대변리 274-6 기장수협
내비게이션	기장수협, 월전 해안길
전화	051-709-5114(기장군청)
주변 여행지	기장시장, 대변항, 선암마을 젖병등대, 연화리 해녀촌, 죽성리 드림성당

070

천혜의 절경이 기다리는 해안도로 드라이브하기
대변~월전 해안도로

기장 대변항에서 죽성리 월전까지 이어지는
3.5km의 해안도로는 부산에서도 가장 아름다운 드라이브 코스로 손꼽힌다.
시종일관 바다를 끼고 달리며 넘실거리는 파도와
기암괴석, 소박한 포구를 연이어 만난다.
월전을 지나 조금 더 올라가면 고산 윤선도가 7년간 유배생활을 하며
시 6편을 남긴 두호마을이 있다.
시간이 넉넉하다면 트래킹을 해도 좋다.
해안도로 중간쯤 위치한 전망 좋은 카페 '로쏘ROSSO'에서
향긋한 커피 한 잔을 즐기는 것도 빼놓을 수 없다.

대변항

위치	부산광역시 기장군 기장읍 대변리 444-20 대변시장	
내비게이션	대변항, 대변시장	
가는 법	지하철 2호선 해운대역 7번 출구→버스 정류장에서 181번 버스 승차→대변 정류장에서 하차→대변시장까지 80m(도보 2분)	
전화	051-709-5114(기장군청)	
이때 가면 딱 좋아!	5월~6월	
주변 여행지	선암마을 젖병등대, 연화리 해녀촌, 기장~월전 해안도로, 죽성리 드림성당	

해운대역　　　송정 삼거리
7번 출구
　좌동지하차도
　사거리

071

멸치축제가 열리는 기장에서 제철 멸치 맛보기
대변항

송정해수욕장에서 차로 10여 분 정도 떨어진 거리에 위치한
기장 대변항은 멸치로 유명하다.
매년 봄 멸치축제가 열리는 기간에는 멸치쌈밥과 멸치회 등
평소에 먹기 힘든 멸치 요리를 저렴한 가격에 즐길 수 있다.
멸치가 많이 잡히는 5~6월에는 멸치털이를 보기 위해
전국 각지에서 관광객들이 몰려든다.
어부들이 일렬로 늘어서서 그물에 걸린 멸치를
힘차게 털어내는 모습을 보고 있노라면 삶의 활기가 물씬 느껴진다.
기장 멸치와 함께 기장 미역은 부산의 특산품 가운데 하나다.

[동래 권역]

- **09:00** 부산역 도착
- **10:00** 092 천년고찰 범어사 산책
- **12:00** 085 다래성에서 부산 스타일 간짜장 즐기기
- **13:00** 081 동래 박물관 투어 or
  - 083 벚꽃 핀 온천천 산책
- **15:00** 077 동래온천노천족탕에서 여행 피로 풀기
- **16:00** 076 수가화랑에서 차 한 잔의 여유
- **17:00** 080 롤러코스터보다 더 짜릿한 산성버스 타기
- **19:00** 082 뉴숯불에서 옛날 통닭에 소주 마시기 or

[서면 권역]

- **09:00** 부산역 도착
- **10:00** 094 영화 속 그곳 매축지 마을 둘러보기
- **12:00** 074 범일동 할매국밥에서 부산 돼지국밥 맛보기 or
  - 089 개금밀면에서 부산 밀면 맛보기
- **14:00** 087 부산시민공원 산책하기
- **16:00** 090 전포 카페거리에서 어슬렁거리기
- **18:30** 061 시내버스 타고 산복도로 투어하기
  - 088 삼광사 연등축제 구경하기

동래 · 서면

역사와 전통이 살아 숨쉬는 동네

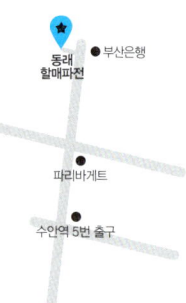

위치
부산광역시 동래구 복천동 367-2
내비게이션
동래할매파전
가는 법
지하철 4호선 수안역 5번 출구→동래구청 방면으로 우회전 후 직진→동래할매파전까지 300m(도보 10분)
전화
051-552-0792
영업 시간
낮 12시~밤 10시
가격
동래파전 大 40,000원/中 30,000원
주변 여행지
동래읍성, 동래읍성임진왜란역사관, 동래시장, 복천박물관, 다래성(간짜장), 돼지팥빙수

072

4대째 이어오는 동래파전의 손맛과 정성에 감동하기
복천동 '동래할매파전'

예로부터 부산의 중심이었던 동래는 유독 파밭이 많았다.
부산 앞바다에서 건져 올린 싱싱한 해물에
파를 넣고 부쳐 먹던 전이 지금의 동래파전이다.
여러 가지 곡물로 만든 반죽에 색깔이 또렷한 조선쪽파와 갖은 해산물을 넣어
노릇하게 지져내는데 반죽이 덜 익은 것처럼 약간 흐물흐물 한 것이 특징이다.
막걸리와 함께 먹으면 그야말로 꿀맛.
동래구청 인근에 자리한 동래할매파전은
4대째 맛과 전통을 이어오고 있는 대표적인 파전집이다.

위치	부산광역시 동래구 수안동 9-21
내비게이션	돼지팥빙수
가는 법	지하철 4호선 수안역 2번 출구→곧바로 왼쪽 골목으로 좌회전 후 500m 직진(도보 10분)
전화	051-552-7789
영업시간	5월~9월 낮 12시~밤 9시 30분, 10월~4월 낮 12시 30분~밤 9시(월요일 휴무)
주변 여행지	동래읍성임진왜란역사관, 다래성(간짜장), 동래시장, 온천천

073

가격마저 시원한 여름 별미 팥빙수로 무더위 날리기
수안동 '돼지팥빙수'

여름에 부산을 여행한다면 '돼지팥빙수'를 찾아가자.
동래경찰서 부근에 위치한 돼지팥빙수는
푸짐하면서도 부담 없는 가격이 매력이다.
아침에 끓인 신선한 팥과 견과류, 콩가루를 함께 담은 견과류 팥빙수가 인기.
가격은 한 그릇에 단돈 3,500원.
재료가 떨어지면 가게 문을 닫기 때문에 서둘러야 한다.

위치
부산광역시 동구 범일동 28-5
내비게이션
할매국밥
가는 법
지하철 1호선 범내골역 3번 출구 → 범곡교 차로 방면으로 800m 직진 → 범곡교차로에서 할매국밥까지 130m(도보 12분)
전화
051-646-6295
영업시간
오전 9시~저녁 8시 30분
가격
국밥 4,500원/수육 소 10,000원
주변 여행지
부산진시장, 매축지마을

074

부산 사람과 닮은 돼지국밥의 매력에 빠져보기
범일동 '할매국밥'

부산 어디를 가든 돼지국밥집은 꼭 있다. 그만큼 부산 사람들이 즐겨 찾는
음식이기 때문이다. 부산 돼지국밥의 유래는 분명하지는 않으나
한국전쟁 때 북에서 온 피란민들로부터 시작되었다는 것이 정설이다.
순대와 내장 대신 돼지고기를 넣고 끓인 순대국밥이 돼지국밥으로 발전했다는 견해다.
돼지국밥은 겉으로 보기에는 투박하고 억세지만 속은 한없이 부드럽고 따뜻한
부산 사람과 많이 닮았다. 그래서인지 부산 사람들의 돼지국밥 사랑은 지금도 유별나다.
수많은 돼지국밥집 중에서도 그들이 단연 최고로 손꼽는 곳은 60년 전통의
범일동 '할매국밥'이다. 질 좋은 국산 돼지뼈와 삼겹살로 끓인 국물이 일품인데,
흰색에 가까운 보통의 돼지국밥 국물과 달리 맑고 투명한 것이 특징이다.
야들야들한 돼지고기 수육과 이북식 순대도 인기 메뉴다.

위치	부산광역시 동래구 명륜동 671-18
내비게이션	카페르몽드
가는 법	지하철 1호선 명륜역 2번 출구 나와서 우회전→100m 직진 후 좌회전해서 명륜교차로까지 500m 도보로 이동→명륜교차로에서 좌회전 후 직진→동래우체국 끼고 골목길로 좌회전→카페르몽드(도보 10분)
전화	051-552-5866
영업 시간	오전 11시~밤 11시(매주 화요일 휴무)
주변 여행지	동래온천, 복천박물관, 동래향교, 동래읍성임진왜란박물관, 온천천 벚꽃길, 다래성(간짜장)

075

신선한 수제 롤케이크 먹으며 행복해지기
명륜동 '르몽드'

나른한 오후, 따뜻한 커피 한 잔과 달콤한 디저트가 그립다면
수제 롤케이크 전문점인 카페 르몽드가 제격이다.
폭신하면서도 부드러운 빵 속에 신선한 크림이 가득 들어찬 롤케이크는
어른 아이 할 것 없이 모두가 좋아할 만한 맛이다.
좋은 재료를 아낌없이 사용한 덕에 롤케이크를 새롭게 보게 된다.
가장 인기가 좋은 '허니밀크'를 비롯해 '티라미수' '초코바나나' 등 종류도 다양하다.
롤케이크와 함께 선보이는 커피도 수준급.
일반 가정집을 개조한 내부 인테리어가 심플하면서도 편안하다.

위치	부산광역시 동래구 온천1동 204-22
내비게이션	수가화랑
가는 법	지하철 1호선 명륜역 5번 출구→유락삼거리 방면으로 250m 직진→유락삼거리에서 온천장 방면으로 우회전→사거리까지 330m 직진→바이더웨이 끼고 골목길로 좌회전→골목길 따라 190m 직진 후 삼거리에서 우회전→수가화랑까지 100m(도보 18분)
전화	051-552-4402
영업시간	수가화랑 더 카페 오전 11시~밤 9시
주변 관광지	금강공원, 금강식물원, 온천장, 노천족탕, 중앙온천, 부산해양사박물관, 우장춘기념관, 하나돈까스

076

미술관 속 찻집에서 차 한 잔의 여유 누리기
온천동 '수가화랑'

금강공원으로 가는 길목에 위치한 수가화랑은
차를 마시면서 미술작품을 감상할 수 있는 공간이다.
노출식 콘크리트로 지어진 건물 1층은 차를 마시는 곳,
2~3층은 전시실로 나뉘어져 있다.
수준 높은 미술전시가 연중 펼쳐지는 덕에 미술 애호가들의 발길이 잦은데
독특한 건축미에 반해 발걸음을 하는 사람들도 꽤 많다.
아름다운 미술작품과 함께 따뜻한 차 한 잔의 여유를 즐기고 싶은
여행가들에게 안성맞춤인 곳이다.

위치	부산광역시 동래구 온천동 135-5
내비게이션	동래온천노천족탕, 동래스파토피아
가는 법	지하철 1호선 온천장역 1번 출구 → 길 건너 호텔농심 쪽으로 400m 이동 → 호텔농심 뒷길에 위치(도보 15분)
전화	051-550-6602(동래구 문화시설사업소)
운영 시간	3월~10월 오전 10시~오후 5시, 11월~2월 오전 11시~오후 4시, 매주 수·금 휴장
주변 여행지	허심청, 중앙온천가족탕, 금정산성, 금강공원, 금강식물원, 부산해양자연사박물관, 동래별장, 우장춘기념관, 모모스커피

077

노천족탕에 발 담그고 여행 피로 풀기
동래온천노천족탕

온천장 한가운데에는 시민들을 위한 노천족탕이 있다.
오가는 사람 누구나 40도가 넘는 뜨끈한 온천수에 발을 담글 수 있어서
시민들은 물론이고 여행객들에게도 인기 만점.
하루 종일 걷느라 지친 발을 온천수에 담그고 있으면
금세 온몸이 노곤 노곤해지면서 피로가 싹 풀린다.
뜨거운 김이 모락모락 피어나는 겨울철에 방문하면
노천족탕의 매력을 제대로 느낄 수 있다.

위치
부산광역시 동래구 사직동 78-38
내비게이션
엘레오스
가는 법
지하철 3호선 사직역 1번 출구→130m 직진 후 큰길 따라 우회전→450m 직진 후 피자헛 끼고 우회전→엘레오스까지 100m, 국민은행 맞은편 2층(도보 15분)
전화
051-504-8827
영업시간
오전 9시~새벽 2시
주변 여행지
사직야구장, 부산어린이대공원, 삼정더파크(동물원), 삼광사

078

커피 마니아들의 성지에서 향기로운 더치커피 마시기
사직동 '엘레오스'

전국의 커피 마니아들이 주저 없이 최고라 칭하는 곳 '엘레오스'.
여기에선 더치커피 '천사의 유혹'을 마셔야 한다. 분명 입속에 넣은 것은 커피인데
진한 초콜릿 향과 달콤함이 혀를 적신다. 커피 한 잔을 마시면서
오버액션이라 하는 사람도 있을 것이다. 하지만 그 커피 한 방울을 얻으려
8가지 스페셜티 원두를 배합하고 36시간 동안 찬물로 방울방울 우려내 3개월 이상
숙성시키는 것을 생각을 하면 정성스레 느껴봐야 하지 않을까.
아니면 꽃과 과일 향기를 가진 게이샤 종류의 커피를 맛보는 것도 좋다.
깔끔한 산미와 함께 목구멍에서 서서히 올라오는 꽃향기 나는 커피라니.
어떠한 선입견도 배제하고 자신의 코와 입에 집중해
커피 맛에 빠져보는 재미가 있다.

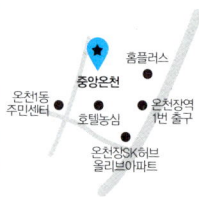

위치
부산광역시 동래구 온천동 96
내비게이션
중앙온천
가는 법
지하철 1호선 온천장역 1번 출구 → 호텔농심 쪽으로 400m 이동 → 호텔농심 뒷길에 위치(도보 15분)
전화
051-555-4343
영업시간
24시간
가격
대인 2명 2시간 29,000원(평일, 10월~4월 성수기)/유아 추가 5,000원/초등 추가 6,000원
주변 여행지
허심청, 온천장 노천족탕, 더 파티 온천점, 부산대학교 젊음의 거리, 금강공원

079

가족과 함께 오붓하고 여유롭게 온천욕 해보기
온천장 '중앙온천'

가족이나 연인과 오붓하게 온천욕을 즐기고 싶다면
온천장 '중앙온천'이 좋다.
요즘에는 보기 힘든 가족탕을 운영하기 때문이다.
독립된 방에 별도의 욕조가 갖춰져 있어서
편하고 또 깨끗하게 온천욕을 할 수 있다.
자가온천공을 가지고 있어서
100% 온천수만 공급하는 것도 장점이다.

위치	부산광역시 동래구 온천동 156-1 온천장역
내비게이션	온천장역
가는 법	지하철 1호선 온천장역 3번 출구→육교 건너 버스 정류장까지 100m(도보 3분)
전화	051-581-9960(일광여객)
영업시간	새벽 5시 35분~밤 10시 55분(온천장역 정류장 기준), 15분 간격 운행
가격	일반 1,900원/청소년 1,800원/어린이 1,400원
주변 여행지	금정산성, 금강식물원, 부산대학교, 온천장, 노천족탕, 중앙온천, 더 파티 온천점

080

롤러코스터가 따로 없다! 203번 산성버스 타보기
금정산성버스

금정산 정상을 중심으로 축조된 금정산성은 성곽 길이가 17km에 달해
우리나라 산성 가운데 가장 규모가 크다. 산성 중간에 세워진 망루에 오르면
동래 지역은 물론이고 낙동강 하구까지 한눈에 들어온다.
온천장에서 203번 버스를 타면 금정산성까지 쉽게 오를 수 있는데
꼬불꼬불한 길을 단숨에 달려가는 재미가 여간 크지 않다.
특히 산성에서 온천장으로 내려오는 길은
롤러코스터가 따로 없을 만큼 스릴 넘친다. 이왕 금정산성까지 올랐으니
금정산성마을에서 금정산성 막걸리도 먹어보자.
금정산 맑은 물과 전통방식으로 만들어 맛이 남다르다.

위치	부산광역시 동래구 수안동 206-3
내비게이션	수안역
가는 법	지하철 4호선 수안역
전화	051-605-0253
운영 시간	오전 10시~오후 8시(월요일 휴무)
주변 여행지	복천박물관, 동래시장, 동래할매파전, 돼지팥빙수, 디래성(간짜장), 온천장

081

국내 최초 지하철역박물관에서 부산 역사 알아보기

동래읍성임진왜란역사관

지하철역에 박물관이 있다면?
부산 지하철 4호선 수안역에 위치한 '동래읍성임진왜란역사관' 이야기다.
도시철도 역사에 세워진 우리나라 최초의 박물관으로
지하철 공사 과정에서 발굴된 다양한 유물들을 전시하고 있다.
임진왜란 당시 동래읍성에서 벌어졌던 치열한 전투 현장을 생생하게 보여주는
갑옷과 창, 화살촉 등의 무기류와 전쟁에 참혹하게 희생당한 인골 등을 통해
우리의 아픈 역사를 되돌아볼 수 있다.
가야의 유물이 잘 정리되어 있는 복천박물관과 복천동 고분군,
동래의 역사를 담고 있는 동래읍성역사관, 장영실의 발명품들을 만날 수 있는
장영실과학동산도 함께 둘러보면 좋다.

위치	부산광역시 금정구 장전1동 134-13
내비게이션	뉴숯불바베큐, 뉴숯불통닭
가는 법	지하철 1호선 장전역 3번 출구→길 건너 장전1동 주민센터 방면 500m(도보 7분)
전화	051-514-3885
영업시간	오후 4시~새벽 1시
가격	후라이드/양념 1마리 15,000원
주변 여행지	부산대학교 젊음의 거리, NC백화점, 금강식물원, 유가네 닭갈비 본점, 동래별장

082

부산대 명물 통닭집에서 옛날 통닭에 시원소주 마시기
부산대 '뉴숯불'

요즘은 치킨이라는 이름이 더 익숙하지만 그 원조는 통닭이다.
이름도 맛도 형태도 다양한 각양각색의 치킨들이 난무하는 요즘이지만
여전히 옛 맛을 고수하는 옛날 통닭집들도 많다.
부산에선 부산대학교 후문에 위치한 '뉴숯불'이 그런 곳이다.
묽게 반죽한 튀김옷을 얇게 입혀 옛날 방식 그대로 압력솥에다 바싹하게 튀겨낸다.
함께 튀긴 두툼한 감자도 별미다.
부산 사람들처럼 통닭 한 점에 소주 한 잔 걸치면 세상 시름이 눈 녹듯 사라진다.
이왕이면 부산 소주인 시원으로 건배!

위치	부산시 연제구 거제동 세병교
내비게이션	세병교, 온천천
가는 법	지하철 1호선 교대역 6번 출구 → 세병교까지 200m(도보 3분)
전화	051-550-4024(동래구청)
이때 가면 딱 좋아!	4월 초
주변 여행지	동래읍성임진왜란역사관, 다래성(간짜장), 동래시장, 돼지팥빙수

083

새하얀 벚꽃길 걸으며 봄날의 운치 가슴에 담기
동래 온천천

4월 초가 되면 온천천 주변은 한바탕 꽃 잔치가 벌어진다.
길가에 늘어선 연분홍 벚꽃에 노란 유채꽃, 붉은 영산홍까지 사방이 꽃내음으로
가득하다. 하천 양옆으로 난 도로를 따라 벚꽃 나무들이 길게 늘어서 있는데
꽃이 피면 자연스럽게 벚꽃터널이 만들어진다. 수령이 오래된 나무들이라
벚꽃이 절정에 이르렀을 때는 새하얀 꽃잎이 눈처럼 날리는 장관이 펼쳐진다.
밤에는 가로등 불빛 아래 노랗게 물든 벚꽃을 만날 수도 있다.
연산교와 안락교 사이, 온천천 변에 조성된 카페촌도 놓치지 말자.
온천천을 끼고 도로변 주택에 분위기 좋은 카페가 속속 들어서면서
로컬들의 발길이 잦아지고 있다.
언제나 손님들로 북적이는 브런치 카페 '멜버른'을 추천한다.

위치	부산광역시 동래구 사직동 930
내비게이션	사직야구장
가는 법	지하철 3호선 종합운동장역 9번 출구→100m 직진 후 큰 길 따라 우회전→ 사직야구장까지 400m(도보 7분)
전화	051-505-7422
이때 가면 딱 좋아!	야구 시즌 3월~10월

084

치맥과 함께 신나게 응원하며 스트레스 풀기

사직야구장

부산은 야구의 도시다.
부산 사람들의 야구 사랑 그리고 열띤 응원은 단연 대한민국 최고다.
지상 최대의 노래방으로 불리는 사직야구장에서
부산 연고 구단인 롯데자이언츠를 응원하며 부산갈매기를 목청껏 불러보자.
파울 볼이 날아오면 '아주라'를 힘차게 외치고
상대 투수가 견제구를 남발하면 있는 힘껏 '마!'를 소리쳐보자.
10년 묵은 스트레스가 단번에 날아갈 것이다.
시원한 맥주와 치킨은 필수다.

위치
부산광역시 동래구 수안동 3-12
내비게이션
다래성
가는 법
지하철 4호선 수안역 2번 출구 → 왼쪽 골목따라 다래성까지 70m 직진(도보 3분)
전화
051-555-3023
영업시간
오전 11시 30분~밤 9시
가격
간짜장 6,000원
주변 여행지
동래읍성임진왜란역사관, 복천박물관, 동래시장, 동래할매파전, 돼지팥빙수

085

달걀 프라이는 필수! 부산 간짜장의 특별함에 매혹되기
수안동 '다래성'

한국인들의 단골 점심 메뉴인 간짜장.

흔하디 흔한 음식이지만 부산에서 먹으면 다르다.

간짜장 위에 올려주는 달걀 프라이 때문이다.

돼지기름에 튀기듯 구운 달걀 프라이는 겉은 바삭하고 속은 부드럽다.

덜 익은 노른자를 깨트려 짜장 소스와 비벼 먹으면

부산 스타일의 간짜장 완성!

왠지 맛이 어울리지 않을 것 같지만

먹어보면 의외로 담백하고 고소해 자꾸만 찾게 된다.

이 맛에 익숙한 부산 사람들은 달걀 프라이가 없는 간짜장이 의아할 수밖에.

그래서 타지에서는 간짜장도 못 먹는다.

086

지역 신문 주말판 보며 부산의 최신 트렌드 살펴보기
〈국제신문〉과 〈부산일보〉

지역 신문을 보면 그 지역의 최신 트렌드를 가장 빨리 알 수 있다.
부산에는 어지간한 중앙일간지도 울고 갈 두 신문이 있다.
〈국제신문〉과 〈부산일보〉다.
두 신문 모두 목요일에 여행과 맛집 정보 등을 담은 주말판을 발행하는데
부산 사람들도 잘 모를 따끈따끈한 정보들이 알차게 차려져 있다.
부산에서 요즘 뜨는 여행지나 맛집 정보를 알고 싶다면
지역 신문 주말판에 주목하자.

위치	부산광역시 부산진구 범전동 195
내비게이션	부산시민공원
가는 법	지하철 1호선 부전역 7번 출구 → 삼전교차로에서 좌회전 → 부산시민공원까지 500m (도보 10분)
전화	051-850-6000
영업시간	새벽 5시~밤 11시
이때 가면 딱 좋아!	4월
주변 여행지	부전시장, 서면카페거리, 어린이대공원, 삼정더파크(동물원)

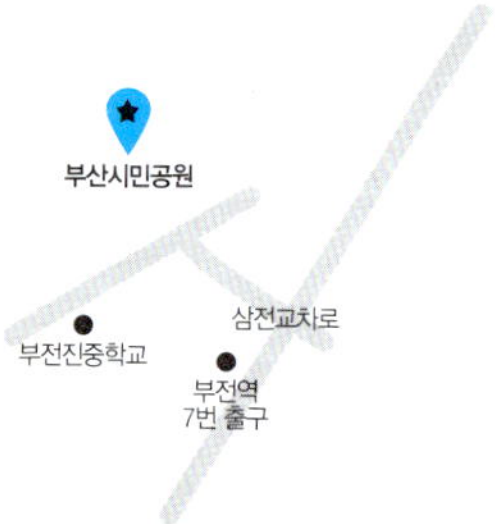

부산시민공원

삼전교차로

부전진중학교 부전역 7번 출구

087

겹벚꽃 활짝 핀 시민공원 북카페에서 여유롭게 책 읽기

부산시민공원

부산에도 최근 뉴욕의 센트럴파크에 견줄 만한 초대형 도심공원이 탄생했다.
옛 미군 부대 자리에 조성된 부산시민공원이다.
축구장 70개를 한데 모은 것보다 더 큰 땅에 80만 그루의 나무를 심고 산책로를 만들었다.
어린이 도서관과 문화예술촌, 미로공원 등 아이들과 함께 즐길 수 있는 시설도 많다.
미군 부대 주둔 당시 사령관이 사용하던 관사는 예쁜 북카페로 변신했는데
건물 앞에 서 있는 커다란 벚나무에 꽃이 활짝 필 때면
누구라도 탄성을 내지를 만큼 아름다운 풍경이 눈앞에 펼쳐진다.

위치	부산광역시 부산진구 초읍동 산31
내비게이션	삼광사
가는 법	지하철 1, 2호선 서면역 9번 출구→롯데백화점 맞은 편 메디컬센터 앞 정류장에서 15번 마을버스 승차→삼광사 하차
전화	051-803-1332
이때 가면 딱 좋아!	5월 석가탄신일 전

088

CNN도 감탄한 연등축제 참여하기
초읍 삼광사

초파일을 앞둔 사찰들은 저마다 오색연등을 내걸고
부처님의 자비와 광명이 온누리에 가득하기를 기원한다.
화려함으로 치자면 삼광사 연등이 전국에서도 으뜸일 터.
3만여 개의 연등이 경내를 뒤덮은 모습은 가히 상상초월.
최근에는 CNN이 꼽은 한국에서 아름다운 곳 TOP 50에 선정되면서
세계적으로 유명세를 떨치고 있다.

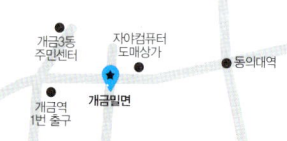

위치	부산광역시 부산진구 개금동 171-34
내비게이션	개금밀면
가는 법	지하철 2호선 개금역 1번 출구 →100m 직진 후 개금복합상가 골목으로 우회전, 개금골목시장 내에 위치(도보 7분)
전화	051-892-3466
영업시간	오전 10시~오후 7시 40분
가격	물밀면·비빔밀면 中 5,000원/大 6,000원

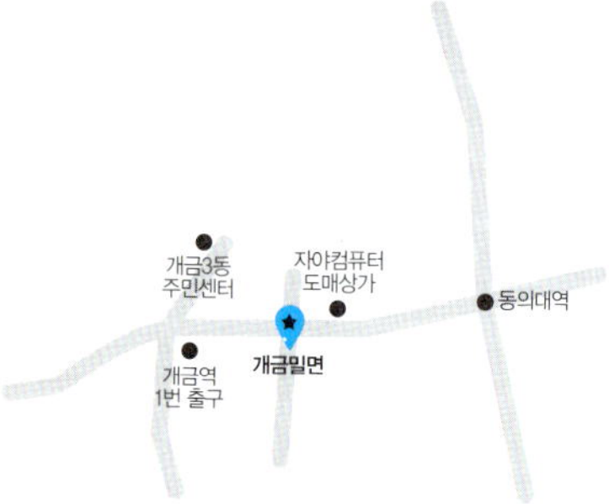

089

밀면의 고장 부산에서 밀면의 참맛 느껴보기
개금동 '개금밀면'

한국전쟁 때 부산으로 피란 온 함경도 사람들은 고향에서 먹던 국수가 그리웠다.
하지만 부산에선 국수의 재료인 감자를 구하기가 쉽지 않았다.
그래서 선택한 것이 미군 구호물자였던 밀가루.
감자전분에 밀가루를 섞어서 국수를 만들어 먹었는데 그것이 부산 밀면의 시초다.

우암동에 있는 '내호밀면'과 당감동에 위치한 '시민냉면'이 1세대 밀면집이라면
'개금밀면'과 '가야밀면' '국제밀면' 등은 이후 부산의 맛이 더해진 2세대 밀면집이라고
할 수 있다. 그중에서도 부산시민들이 손꼽는 절대강자는 역시 '개금밀면'이다.
닭뼈로 육수를 낸 국물이 깔끔하고 시원하다. 여름엔 살얼음이 낀 물밀면을,
겨울엔 새콤달콤한 비빔밀면을 먹는 것이 부산 스타일.

위치	부산광역시 부산진구 전포1동 682
내비게이션	궁리마루수학 과학창의체험관, 궁리마루
가는 법	지하철 2호선 서면역 6번 출구→왼쪽 큰길 따라 서면밀리오레 방면으로 직진→사거리에서 우회전→시립부전도서관 앞 횡단보도→길 건너 맞은 편 골목이 전포카페 거리(도보 15분)
전화	051-605-4521(부산진구청)
주변 여행지	롯데백화점 서면점, 서면 1번가

090

개성만점 카페거리 하루 종일 어슬렁거리기
서면 전포카페 거리

부산의 중심인 서면에 최근 조성되기 시작한 카페 거리.
원래는 공구 상가들이 밀집해 있던 곳이었지만
소규모 카페들이 하나둘 생기면서 본격적인 카페 거리가 되었다.
프랜차이즈 커피 전문점에 지친 여행자라면 당장 달려가볼 것!
골목 구석구석에 자리한 개성만점의 카페들을 찾아보는 재미가 여간 크지 않다.
궁리마루수학 과학창의체험관 앞 골목을 찾아가면 된다.

위치	부산광역시 동래구 사직3동 157-1
내비게이션	오륙도횟집
가는 법	지하철 1호선 교대역 5번 출구→360m 직진 후 삼거리에서 좌회전→4번째 골목길에서 우회전→100m 전방 오륙도횟집(도보 15분)
전화	051-504-6001
주변 여행지	사직야구장, 동래읍성임진왜란역사관, 돼지팥빙수, 다래성(간짜장), 동래시장, 온천천

091

싱싱함으로 승부하는 횟집에서 생선회 믿고 먹기
사직동 '오륙도횟집'

부산 여행자들이 부산에서 꼭 먹어보고 싶어하는 것이 생선회다.
바다를 끼고 있는 도시이니 횟집이 많은 것은 사실이지만
여행자들에게 추천할 만큼 훌륭한 횟집이 많은지는 의문이다.
여행자들이 믿고 먹을 수 있는 횟집을 찾기는 더 어렵다.
사직동 주택가 골목에 위치한 '오륙도횟집'은
지역 주민들 사이에 입소문이 자자한 동네횟집이다.
단골이 아니어도 싱싱한 횟감을 믿고 먹을 수 있는 곳이라 늘 문전성시다.
밑반찬 가짓수로 현혹하지 않고 오직 회로 승부하는 곳이라
생선회 먹는 재미를 제대로 느껴볼 수 있다.

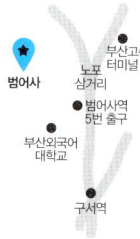

위치
부산광역시 금정구 청룡동 546
내비게이션
범어사
가는 법
지하철 1호선 범어사역 5번 출구→범어사
입구 정류장까지 320m 이동→90번 버스
승차→범어사 하차
전화
051-508-3122
주변 여행지
금정산성, 스포원파크

092

천년고찰 범어사로 가을 소풍 다녀오기
금정산 범어사

통도사, 해인사와 더불어 영남 3대 사찰로 손꼽히는 범어사는
신라 문무왕 때 의상대사가 창건한 천년고찰이다.
곳곳에서 마주치는 낡은 기왓장과 빛바랜 단청이 세월의 무게를 고스란히 전해준다.
범어사가 가장 아름다운 때는 역시 가을이다.
500년이 넘은 은행나무 하며 반짝반짝 빛나는 단풍잎들
그리고 붉게 물든 금정산 풍경까지. 부산 최고의 단풍 여행지로 손색이 없다.
사찰 입구까지 자동차로 이동할 수 있어서 남녀노소 누구나 쉽게 가볼 수 있고
노선버스도 운행하고 있기 때문에 외지에서 오는 관광객도 쉽게 찾아갈 수 있다.
일상에 찌든 마음을 씻어내고 싶다면
범어사에서 운영하는 템플스테이에 참여해보는 것도 좋다.

위치
부산광역시 금정구 장전동 420-8
내비게이션
유가네닭갈비 본점
가는 법
지하철 1호선 부산대역 1번 출구→유가네닭갈비 본점까지 370m 직진(도보 5분)
전화
051-514-7572
영업시간
오전 11시~밤 12시
가격
뼈 없는 닭갈비 7,000원/닭야채 철판볶음밥 5,000원
주변 여행지
부산대학교, 금강공원, 금강식물원, 금정산성

093

춘천닭갈비보다 더 유명한 부산닭갈비에 반하기
부산대 '유가네닭갈비' 본점

춘천의 명물인 닭갈비가 부산에도 있다.
부산에서 태어나 전국으로 뻗어나간 '유가네닭갈비'가 주인공.
숯불에 굽는 춘천닭갈비와 달리 부산닭갈비는 프라이팬에 버터를 녹여 굽는다.
부산식으로 잘 버무린 매콤한 고추장 양념과 담백한 닭고기의 조합이 가히 환상적이다.
양념 닭갈비와 갖은 채소를 함께 버무려 만드는
닭야채 철판볶음밥은 유가네의 대표 메뉴.
부산대 앞에 있는 본점은 언제나 문전성시를 이루는
부산대 앞 대표 맛집이다.

좌천역
4번 출구

매축지마을

위치	부산광역시 동구 범일동 252-1401
내비게이션	매축지마을, 매축지문화원
가는 법	지하철 1호선 좌천역 4번 출구 → 길 건너 철길 육교까지 75m 이동 → 육교 건너 매축지마을
전화	051-440-4374(동구청 문화관광과)
주변 여행지	부전시장, 범일동 친구의 거리, 좌천동 가구거리, 서면1번가, 전포카페거리

094

영화 속 그곳 찾아 일일 투어 떠나기
범일동 매축지마을

부산은 〈국제시장〉을 촬영한 국제시장과 〈마더〉와 〈아저씨〉 촬영지인
범일동 매축지마을, 〈도둑들〉의 무대인 남포동 부산데파트, 〈변호인〉에 등장했던
영도 영선동 흰여울길 등 도심 곳곳에 영화 촬영지가 즐비하다.
특히 매축지마을은 대도시 한가운데에 아직도 이런 동네가 있나 싶을 정도로
낡고 오래된 골목길이 미로처럼 얽혀 있어 마치 오래된 영화 세트장에 와 있는 듯한
착각마저 든다. 일제 강점기 때 화물을 이송할 목적으로 매립해 만든 땅인데
당시에는 말과 우마차가 대기하던 동네였다.
한국전쟁으로 피란민들이 쏟아져 들어오면서 지금의 형태를 갖추게 되었지만
마을 앞뒤로 철로와 고가도로가 생기면서 고립된 도심 속 섬으로 남게 되었다.
영화의 도시 부산에 왔으니 영화 속 그곳을 찾아 하루쯤 일일 투어를 떠나보자.
영화 마니아가 아니라도 부산의 색다른 매력에 푹 빠질 것이다.

Let's go Screen Tour!

영화의 도시 부산에서 즐기는 스크린 명소 여행

부산만큼 영화적인 도시도 없다.
산과 바다, 강이 어우러진 천혜의 자연 환경에
60~70년대의 모습을 여전히 간직한 골목길과 최첨단 고층 빌딩이 공존하며
영화보다 더 영화 같은 풍경을 선사한다.
덕분에 한 해에도 수십 편의 영화가 부산에서 만들어진다.
천만 관객을 동원한 영화 〈국제시장〉과 〈해운대〉 〈도둑들〉 〈변호인〉 등을 통해
부산은 가장 떠나고 싶은 도시로 떠올랐다.
덕분에 해운대와 광안리, 동백섬, 자갈치시장 등
단골 영화 촬영지들은 영화의 감동을
다시 한 번 느끼려는 사람들로 1년 365일 북적인다.
부산을 여행하면서 영화 촬영지를 둘러보지 않을 수 없는 이유다.

〈국제시장〉의 국제시장

영화 〈국제시장〉이 흥행에 성공하면서
부산 국제시장도 덩달아 신이 났다.
영화 속에 등장한 '꽃분이네'를 실제로 보기 위해 국제시장은
평일에도 문전성시를 이룬다.

꽃분이네 지하철 1호선 자갈치역 1번 출구 → 좌회전 후 300m 직진

〈변호인〉〈범죄와의 전쟁〉의 흰여울길

영화 〈변호인〉에서 송강호가 국밥집 주인을 기다리던 골목은 영선동의 흰여울길이다.
해안을 따라 이어지는 높은 절벽에 작은 집들이 옹기종기 모여 있어
이국적인 정취를 물씬 풍긴다. 영화 〈범죄와의 전쟁〉에서 결혼 승낙을 받기 위해
최민식의 여동생이 최민식을 찾아가는 장면도 이곳에서 촬영됐다.

051_흰여울길

〈마더〉 〈아저씨〉의 매축지마을

음산하고 어두운 골목길이 미로처럼 얽혀 있는 곳.
범일동 매축지마을은 영화 〈마더〉와 〈아저씨〉의 촬영 장소로 사용됐다.
대도시에 아직 이런 곳이 남아 있나 싶을 정도로 낡고 오래된 마을 풍경 덕에
과거로 시간 여행을 떠난 듯한 착각마저 든다.

094_범일동 매축지마을

부산데파트 지하철 1호선 남포역 7번 출구

동래별장 지하철 1호선 온천장역 1번 출구 → 동래별장까지 750m
051-552-0157

〈도둑들〉의 부산데파트

다이아몬드를 손에 넣기 위해 범죄 드림팀(?)이 벌이는
이야기를 담은 영화 〈도둑들〉의 주무대도 부산이다.
극중 인물들이 다이아몬드를 찾기 위해 혈투를 벌이던
중앙동 부산데파트는 관광객들이 인증샷을 찍는 장소로 인기가 높다.
부산데파트는 부산 최초의 현대식 쇼핑센터로
40년이 넘는 역사를 자랑한다.

〈범죄와의 전쟁〉〈친구〉의 동래별장

궁정 한정식을 맛볼 수 있는 동래별장은 옛 고급요정의 모습으로
영화 속에 자주 출연했다. 영화 〈범죄와의 전쟁〉〈친구〉〈인사동 스캔들〉
〈깡철이〉 등에서 동래별장의 모습을 찾아볼 수 있다.
지금의 동래별장 건물은 일제강점기 당시
부산의 3대 거부라던 하자마 후사타로가 별장으로 지은 것으로
해방 뒤에는 미군정청 집무실로,
한국전쟁 때는 부통령 관저로 쓰이기도 했다.

〈해운대〉〈깡철이〉의 이기대 해안산책로

시원한 바다 뒤로 광안대교와 마린시티의 마천루가
우뚝 솟은 풍경을 볼 수 있는 이기대 해안산책로.
영화 〈해운대〉와 〈깡철이〉〈박수건달〉 등이 이곳에서 촬영됐다.
부산하면 빼놓을 수 없는 오륙도를 지척에서 볼 수 있고
최근에는 바다 위를 걸을 수 있는 스카이워크까지 개장해
부산 시민들도 즐겨 찾는 곳이다.

030_이기대 해안산책로

〈하루인생〉〈박수건달〉의 인쇄골목

중구 동광동 인쇄골목은 부산 인쇄의 메카다.
한때 부산 인쇄물량의 50%를 담당할 정도로 그 위세가 대단했다.
500m 정도의 거리에 인쇄 관련 업체들이 몰려 있는 독특한 분위기 덕에
영화 〈하루인생〉과 〈박수건달〉 등의 촬영지로 활용됐다.
인쇄골목 끄트머리에는 영화 〈인정사정 볼 것 없다〉에 등장하는
40계단이 있어 함께 둘러보면 좋다.

056_중앙동 40계단 테마거리

〈찌라시〉의 기장 드림성당

기장군 죽성리 드림성당은 영화 〈찌라시〉의 촬영지다.
드라마 세트장으로 지어진 곳이지만 동해바다와 등대 그리고
성당이 어우러져 한 폭의 그림처럼 아름답다.
특히 일출이 아름다워
사진가들의 발길이 연중 끊이지 않는 곳이다.

069_기장 드림성당

[서부산 권역]

- **09:00** 부산역 도착
- **10:00** 095 구포5일장 구경하기
- **12:00** 096 금갈치은고등어에서 싱싱한 생선요리 즐기기
- **14:00** 097 을숙도 철새공원에서 낙동강 하구 관찰하기
- **17:00** 098 다대포해수욕장에서 황홀한 일몰 만나기 or
- 099 아미산 전망대에서 멋진 낙조 만나기
- **20:00** 100 다대포 분수광장에서 초대형 분수쇼 보기

서부산

낙동강 따라 이야기가 샘솟는

위치	부산광역시 북구 구포1동 599
내비게이션	구포시장
가는 법	지하철 2, 3호선 덕천역 3번 출구
전화	051-333-9033
주변 여행지	덕천동 젊음의 거리

095

도심 한가운데서 펼쳐지는 5일장 찾아가기
구포5일장

400년 전통의 구포시장은 도심 속에서 열리는 5일장으로 유명하다.
매달 3일, 8일에 장이 서면 인근의 김해와 양산, 울금 등은 물론이고
멀리 경북과 전남지역 상인들까지 몰려들어 북새통을 이룬다.
구포시장의 명물인 구포국수를 비롯해
텃밭에서 키운 갖가지 채소와 과일, 생선, 잡화 등 없는 것 빼고 다 있는 시장이다.
상인들과 시끌벅적 가격 흥정을 하고
식욕을 자극하는 시장 음식들로 배를 채우다 보면
사람 사는 정이 온몸으로 느껴진다.

위치	부산광역시 북구 화명3동 2293-6
내비게이션	금갈치은고등어
가는 법	지하철 2호선 화명역 1번 출구→롯데마트 끼고 우회전 후 300m 직진→CGV 골목으로 좌회전→금갈치은고등어까지 250m(도보 12분)
전화	051-335-2700
영업시간	오전 11시~밤 9시
가격	갈치조림 15,000원(1인분), 고등어조림 9,000원(1인분)
주변 여행지	부산어촌민속관, 화명생태공원

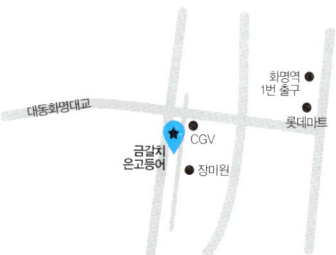

096

밥도둑이 따로 없는 생선구이의 신세계 경험하기
화명동 '금갈치은고등어'

자갈치와 공동어시장 등 전국 최대 규모의 산지 어시장을 보유한 부산은
싱싱한 생선요리를 즐기기에 더할 나위 없이 좋은 곳이다.
제아무리 대단한 요리비법도 신선한 재료를 당해낼 수는 없는 법.
화명동에 자리한 '금갈치은고등어'는 제주에서도 먹기 힘든
제주산 갈치와 고등어를 당일 새벽에 생물로 들여와 조림과 구이로 내놓는다.
고소한 생선살과 매콤한 양념의 조화가 환상인 갈치조림과
촉촉하면서도 부드러운 고등어구이는 가히 국가대표급이다.
싱싱한 재료를 구하지 못한 날은 문을 열지 않기 때문에
영업 여부를 미리 확인하는 것이 좋다.

위치	부산광역시 사하구 하단동 1207-2
내비게이션	을숙도 철새공원, 낙동강하구에코센터
가는 법	지하철 1호선 하단역 3번 출구 → 버스 정류장에서 58번, 58-1번, 58-2번 승차 → 을숙도휴게소 정류장 하차 → 나무육교 건너서 낙동강하구에코센터까지 730m(도보 10분)
전화	051-209-2000(wetland.busan.go.kr)
이용 시간	오전 8시~저녁 8시
이때 가면 딱 좋아!	11월~2월
주변 여행지	낙동강하굿둑, 을숙도공원, 아미산전망대, 다대포해수욕장, 몰운대

097

철새들의 낙원 을숙도에서 겨울 철새 관찰하기
낙동강하구에코센터

낙동강과 을숙도가 만나는 낙동강 하구는 오래된 철새들의 낙원이다.
10월이면 철새들이 찾아오기 시작해 이듬해 봄까지 겨울을 난다.
각종 고니와 오리들은 물론이고
제비물떼새와 재두루미, 저어새 등 희귀종 철새도 만날 수 있다.
을숙도 철새공원은 탐방로가 잘 나 있어서
남녀노소 누구나 산책을 즐기며 철새를 관찰할 수 있다.
낙동강하구에코센터에서 운영하는 다양한 탐방 프로그램을 이용해도 좋다.
아이와 함께 온가족이 즐기기에 좋은 여행 코스다.

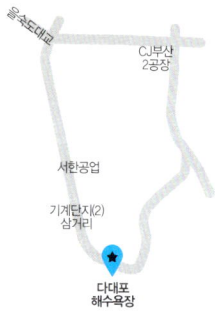

위치	부산광역시 사하구 다대동
내비게이션	다대포해수욕장
가는 법	지하철 1호선 괴정역 6번 출구 → 괴정사거리 정류장에서 96번 승차 → 대우아파트 정류장 하차 → 다대포해수욕장까지 150m(도보 3분)
전화	051-207-6041
이때 가면 딱 좋아!	7~8월
주변 여행지	아미산전망대, 몰운대

098

일몰 명소 다대포에서 황홀한 낙조 만나기
다대포해수욕장

여름에 부산을 여행한다면 절대 놓칠 수 없는 곳,
바로 다대포해수욕장이다.
여름철에 특히 멋진 일몰을 만날 수 있기 때문에 사진가들에게 인기가 높다.
드넓은 백사장 위로 붉은 노을이 물들어가는 풍경은
외국의 어느 해변이라고 해도 과언이 아닐 만큼 이국적이고 이색적이다.
겨울철에는 일출도 볼 수 있는 기묘한 해수욕장이다.

위치	부산광역시 사하구 다대동 1548-1
내비게이션	낙동강하구 아미산전망대
가는 법	지하철 1호선 신평역 4번 출구→버스 정류장에서 2번 버스 승차→대우아파트정류장 하차→아미산 전망대까지 760m(도보 15분)
전화	051-265-6863
주변 여행지	다대포해수욕장, 몰운대, 다대포 꿈의 낙조분수

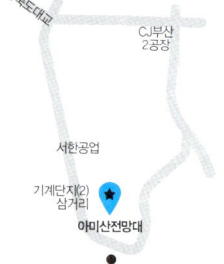

099

낙동강 하구가 한눈에 보이는 전망대에 올라 멋진 노을 바라보기
아미산전망대

아미산전망대는 부산에서 가장 아름다운 낙조를 만날 수 있는 곳이다.
도요등, 백합등, 장자도 등 낙동강하구의 아름다운 모래톱 뒤로
붉은 해가 번져나가는 모습은 세상 그 어떤 일몰도 부럽지 않을 만큼 황홀하다.
계절마다 달라지는 사주의 모습과 철새를 관찰하는 재미도 빼놓을 수 없다.
전망대 한편에 카페테리아도 갖추고 있어서 커피를 마시며 노을을 바라볼 수도 있다.
옥상 전망대에 오르면 낙동강하구의 전경은 물론이고
멀리 가덕도와 거제도까지 한눈에 조망할 수 있다.

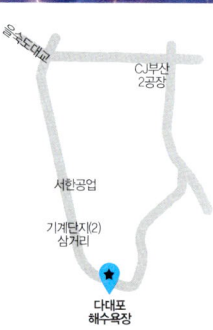

위치	부산광역시 사하구 다대동 482-3 임해 행정봉사실
내비게이션	다대포 꿈의 낙조분수
가는 법	지하철 1호선 괴정역 6번 출구 → 괴정사거리 정류장에서 96번 승차 → 대우아파트 정류장 하차 → 다대포 꿈의 낙조분수까지 150m(도보 2분)
전화	051-220-5891(낙조분수대 관리센터)
이용시간	저녁 7시 30분(봄, 가을), 저녁 8시~9시(여름) ※시간 확인 필요
이 때 가면 딱 좋아!	6월~9월
주변 여행지	다대포해수욕장, 몰운대, 아미산전망대

100

매일 밤 펼쳐지는 세계 최대의 바다 분수쇼 구경하기
다대포 꿈의 낙조 분수

다대포 꿈의 낙조분수는 세계 최대의 바다 분수로 유명하다.
물기둥이 최고 55m까지 치솟아 보기만 해도 시원함이 전해진다.
월요일을 제외한 매일 저녁 두 차례씩 분수 공연이 펼쳐진다.
음악에 맞춰 형형색색의 물줄기들이 경쾌하게 춤을 춘다.
음악 분수 공연이 끝난 뒤에는 그야말로 한 여름 밤의 난장이 펼쳐진다.
어른, 아이 할 것 없이 분수 속으로 뛰어들어 한바탕 물의 축제를 즐긴다.

테마별 여행 찾아보기

부산을 충분히 만끽하는 1박 2일!

[초보자를 위한 1박 2일]

– 1일차 –

09:00	부산역 도착
09:30	054 시티투어버스 타고 광안대교 드라이브
11:30	036 광안리 이안에서 브런치
13:30	020 동백섬 산책
	019 누리마루APEC하우스 앞마당 거닐기
15:30	022 웨스틴조선호텔 파노라마 라운지에서 우아하게 커피 한 잔
18:00	014 마산게낙찜에서 게낙찜으로 저녁 식사
20:00	016 더베이 101에서 마린시티 야경보며 생맥주 마시기

- 2일차 -

08:00	005 할매집 원조 복국에서 해장하기
09:00	013 동해남부선 폐선로 산책하기
10:00	017 청사포에서 CF처럼 사진 찍기
12:00	089 개금밀면에서 부산밀면 맛보기
14:00	042 BIFF 광장에서 신나게 군것질하기
15:00	045 보수동 책방골목과 국제시장 둘러보기
17:00	047 해질녘 감천문화마을 걷기
20:00	055 초량 차이나타운 중남해에서 짬뽕으로 저녁 식사

[중급자를 위한 1박 2일]

− 1일차 −

09:00　　부산역 도착

09:30　　052 초량 이바구길 걷기

12:00　　074 범일동 할매국밥에서 부산 돼지국밥 맛보기

13:30　　030 명품 해안길 이기대 해안산책로 걷기

17:00　　029 광안리 정원 해물탕에서 저녁 식사

19:00　　026 영화의 전당 야경에 흠뻑 취하기

22:00　　037 재즈클럽 몽크에서 라이브 재즈 연주 즐기기

- 2일차 -

09:00　　007 해운대 영화의 거리에서 사진 놀이

09:30　　002 OPS에서 달콤한 추억 만들기

10:00　　020 동백섬 산책

11:30　　011 젠스시에서 부산 최고의 생선초밥 즐기기

13:00　　021 달맞이공원 카페촌에서 커피 한 잔의 여유

15:00　　056 40계단 테마거리에서 옛날 부산 만나기 & 또따또가 탐험하기

17:00　　051 영선동 흰여울길에서 이국적인 정취 느끼기

20:00　　053 초량 오스테리아부부에서 마지막 만찬

[고수를 위한 1박 2일]

- 1일차 -

09:00	부산역 도착
10:00	050 절영해안산책로 걷기
12:00	048 눈도 입도 즐거운 삼진어묵베이커리 다녀오기
13:00	041 자갈치시장에서 생선구이 정식으로 점심 식사
15:00	079 중앙온천에서 여유롭게 온천욕하기
18:00	035 민락수변공원에서 광안대교 야경보며 회 먹기
21:00	001 문탠로드 산책하기
22:00	017 청사포에서 조개구이 먹으며 폭풍 수다

– 2일차 –

09:00 068 기장포구 이색 등대 투어 떠나기

11:00 065 연화리 해녀촌에서 싱싱한 해산물 먹기

12:30 064 송정에서 서핑 배워보기 or 063 송정 해수욕장 구경하기

14:00 003 파라다이스호텔에서 애프터눈 티 즐기기

16:00 061 산복도로 버스 투어

18:00 047 부평깡통야시장 구경

19:00 057 공순대에서 부산순대 경험하기

부산, 이제 테마별로 여행가자!

[나 홀로 시크한 부산여행]

- 020   이른 아침 동백꽃 향기 맡으며 동백섬 산책하기
- 046   해질녘 감천문화마을 느리게 걷기
- 051   바닷가 절벽 위 흰여울길에서 이국적인 정취 느껴보기
- 061   시내버스 타고 산복도로 투어하기
- 022   전망 좋은 파노라마 라운지에서 우아하게 커피 마시기
- 001   벚꽃 흩날리는 밤 달빛 아래 문탠로드 걸어보기
- 037   재즈클럽 몽크에서 라이브 재즈 선율에 취하기
- 056   예술가들이 만든 골목길 또따또가 탐험하기
- 008   지역 최초 사진 전문 갤러리에서 사진 작품 감상하기
- 028   상쾌한 바닷바람 맞으며 마천루 속 갈맷길 걷기
- 076   미술관 속 찻집 수가화랑에서 차 한 잔의 여유 누리기

[부모님과 오붓한 부산여행]

019	APEC 정상처럼 바다 보며 누리마루 앞마당 거닐기
089	부산 밀면의 절대 강자 개금밀면 맛보기
098	일몰 명소 다대포해수욕장에서 황홀한 낙조 만나기
040	롯데백화점 하늘공원에서 영도대교 도개식 구경하기
071	멸치축제가 열리는 대변항에서 멸치털이 구경하기
016	더베이 101에서 마린시티 야경 보며 시원한 생맥주 마시기
083	온천천 벚꽃길 걸으며 부산의 봄 만끽하기
088	CNN도 감탄한 삼광사 연등축제 구경하기
056	피란민들의 애환이 서린 40계단 테마거리에서 옛날 부산 만나기
059	임시수도길 걸으며 부산 근대 역사 체험하기

[아이와 즐거운 부산여행]

063 송정해수욕장에서 부산 사람처럼 바캉스 즐기기

084 지상 최대 노래방에서 롯데 응원하며 스트레스 풀기

022 미국 대통령도 반한 프레지던트 버거 먹어보기

100 다대포 분수광장에서 초대형 분수쇼 구경하기

054 시티투어버스 타고 부산 야경 감상하기

044 광복로 트리축제에서 크리스마스 분위기에 흠뻑 젖어보기

097 철새들의 낙원 을숙도에서 겨울 철새 만나기

049 국내 최초 해양박물관에서 바다와 친해지기

079 중앙온천 가족탕에서 여유롭게 온천욕 즐기기

048 눈도 입도 즐거운 어묵베이커리 다녀오기

[친구들과 신나는 부산여행]

032   신나는 음악과 함께 광안대교 드라이브하기

064   송정서핑학교에서 신나는 서핑 배워보기

026   영화의 전당 빅루프 야경에 흠뻑 취해보기

013   바닷가 절벽 위에 놓인 동해남부선 폐선로 산책하기

025   세계에서 제일 큰 신세계백화점에서 신나게 쇼핑하기

017   파도소리 들리는 청사포에서 조개구이 먹으며 밤새기

016   더베이 101에서 마린시티 야경 보며 시원한 생맥주 마시기

035   민락수변공원에서 광안대교 야경 보며 싱싱한 회 먹기

047   부평깡통야시장 4대 명물로 허기진 배 달래기

068   포구마다 개성만점! 이색 등대 투어 떠나기

082   부산대 명물 뉴숯불에서 옛날 통닭에 시원소주 마시기

038   한 여름 밤 아인하이트에서 맛깔스런 생맥주 마시기

[연인과 단 둘이 로맨틱한 부산여행]

021   바다가 보이는 달맞이공원 카페촌에서 오붓한 데이트 즐기기

030   명품 해안길에서 영화 같은 부산 야경 바라보기

017   멋진 등대를 배경으로 CF 같은 기념사진 찍기

023   파크하얏트부산 라운지 바에서 와인 마시며 로맨틱한 밤 보내기

036   맛깔스러운 브런치와 함께 여유로운 오전 보내기

070   천혜의 절경이 기다리는 대변~월전 해안도로 드라이브하기

054   시티투어버스 타고 부산 야경 감상하기

044   광복로 트리축제에서 크리스마스 분위기에 흠뻑 젖어보기

087   겹벚꽃 활짝 핀 부산시민공원 북카페에서 여유롭게 책 읽기

056   예술가들이 만든 골목길 또따또가 탐험하기

027   엘올리브에서 부산이 가득 담긴 이탈리아 요리에 빠져보기

[배불러도 또 먹는 부산 먹방 여행]

089 부산 밀면의 절대 강자 개금밀면 맛보기

014 꽃게요리 명가에서 계낙찜에 밥 비벼 먹기

042 부산의 중심 BIFF 광장에서 신나게 군것질하기

093 춘천닭갈비 보다 더 유명한 부산닭갈비에 반하기

031 부산 사람들의 보양식 붕장어 구이 먹고 힘내기

029 싱싱함이 남다른 부산 해물탕의 진수 맛보기

096 금갈치은고등어에서 싱싱한 생선요리에 빠져보기

024 부산 뷔페 더 파티에서 식탐의 한계 느껴보기

074	부산 사람을 닮은 돼지국밥과 친해지기
055	초량 차이나타운에서 부산 최고의 짬뽕 맛보기
057	이것이 바로 부산 스타일! 쌈장에 순대 찍어 먹기
027	엘올리브에서 부산이 가득 담긴 이탈리아 요리에 빠져보기
011	부산 최고의 스시 전문점 젠스시에서 미각의 극한 경험하기
053	부부 셰프의 손맛이 일품인 오스테리아부부에서 마지막 만찬 즐기기
009	최상급 한우만 고집하는 거대에서 육즙의 향연 즐기기

[바다 향기 솔솔 풍기는 부산 낭만 여행]

020	이른 아침 동백꽃 향기 맡으며 동백섬 산책하기
098	일몰 명소 다대포해수욕장에서 황홀한 낙조 만나기
013	바닷가 절벽 위에 놓인 동해남부선 폐선로 산책하기
030	명품 해안길에서 영화 같은 부산 야경 바라보기
051	바닷가 절벽 위 흰여울길에서 이국적인 정취 느껴보기
071	멸치축제가 열리는 대변항에서 멸치 털이 구경하기
035	민락수변공원에서 광안대교 야경보며 싱싱한 회 먹기
029	싱싱함이 남다른 부산 해물탕의 진수 맛보기
068	포구마다 개성만점! 이색 등대 투어 떠나기
050	절영해안산책로에서 두 눈으로 대마도 보기
065	해녀가 살고 있는 기장 연화리에서 갓 잡은 해산물 먹어보기
058	국내 최대 산지 어시장에서 활기찬 아침 맞이하기

[찍으면 다 엽서! 포토제닉 부산여행]

026 영화의 전당 빅루프 야경에 흠뻑 취해보기

098 일몰 명소 다대포해수욕장에서 황홀한 낙조 만나기

017 멋진 등대를 배경으로 CF 같은 기념사진 찍기

046 해질녘 감천문화마을 골목길 느리게 걷기

033 광안리해수욕장에서 바다 위로 불쑥 솟는 태양 보며 소원 빌기

004 수영만 요트경기장에서 홍콩보다 더 멋진 마린시티 야경 촬영하기

034 광안리해수욕장 백사장에서 부산불꽃축제 온 몸으로 느껴보기

006 비 그친 오후 마술 같은 마린시티 야경 찍어보기

035 민락수변공원에서 광안대교 야경 보며 싱싱한 회 먹기

060 천마산 전망대에서 부산 야경 한 눈에 보기

100 다대포 분수광장에서 초대형 분수쇼 구경하기

088 CNN도 감탄한 삼광사 연등축제 구경하기

069	그림 같은 드림성당에서 영화 같은 일출 보기
094	영화 속 그곳 찾아 일일투어 떠나기
099	아미산 전망대에서 낙동강 하구의 황홀한 낙조 만나기
007	부산 영화의 거리에서 사진 놀이에 빠져보기

[자꾸만 생각나는 달콤한 부산여행]

003	달콤한 애프터눈 티와 함께 느긋한 오후 보내기
073	저렴한 돼지 팥빙수로 무더위 날리기
002	부산 대표 베이커리 OPS에서 달콤한 추억 만들기
075	르몽드에서 수제 롤케이크 먹으며 행복해지기

[그리움이 깊어지는 감성 가득 부산여행]

021	바다가 보이는 달맞이공원 카페촌에서 오붓한 데이트 즐기기
090	개성만점 전포카페거리에서 하루 종일 어슬렁거리기
013	바닷가 절벽 위에 놓인 동해남부선 폐선로 산책하기
022	전망 좋은 파노라마 라운지에서 우아하게 커피 마시기
036	맛깔스러운 브런치와 함께 여유로운 오전 보내기
001	벚꽃 흩날리는 밤 달빛 아래 문탠로드 걸어보기
010	사진카페 루카에서 사진공부 해보기
078	커피 마니아들의 성지 엘레오스에서 향기로운 더치 커피 마시기
099	아미산 전망대에서 낙동강 하구의 황홀한 낙조 만나기
076	미술관 속 찻집 수가화랑에서 차 한 잔의 여유 누리기

[진짜 부산을 찾아서! 로컬들의 부산여행]

063	송정해수욕장에서 부산 사람처럼 바캉스 즐기기
061	시내버스 타고 산복도로 투어하기
005	시원한 복국으로 쓰린 속 달래기
084	지상 최대 노래방에서 롯데 응원하며 스트레스 풀기
052	시간이 멈춘 듯한 이바구길 걸으며 옛 추억에 잠겨 보기
031	부산 사람들의 보양식 붕장어 구이 먹고 힘내기
068	포구마다 개성만점! 이색 등대 투어 떠나기

066	자가제면 송정집에서 기본에 충실한 분식 맛보기
085	달걀 프라이는 필수! 부산 간짜장 즐기기
057	이것이 바로 부산 스타일! 쌈장에 순대 찍어 먹기
065	해녀가 살고 있는 연화리에서 갓 잡은 해산물 먹어보기
080	롤러코스터가 따로 없다! 203번 산성버스 타기
058	국내 최대 산지 어시장에서 활기찬 아침 맞이하기
077	동래온천노천족탕에서 여행의 피로 풀기

[홍콩보다 더 멋진 부산 야경 투어]

026   영화의 전당 빅루프 야경에 흠뻑 취해보기

030   명품 해안길에서 영화 같은 부산 야경 바라보기

004   수영만 요트경기장에서 홍콩보다 더 멋진 마린시티 야경 촬영하기

016   더베이 101에서 마린시티 야경 보며 시원한 생맥주 마시기

006   비 그친 오후 마술 같은 마린시티 야경 찍어보기

035   민락수변공원에서 광안대교 야경 보며 싱싱한 회 먹기

060   천마산 전망대에서 부산 야경 한 눈에 보기

054   시티투어버스 타고 부산 야경 감상하기

044   광복로 트리축제에서 크리스마스 분위기에 흠뻑 젖어보기

028   상쾌한 바닷바람 맞으며 마천루 속 갈맷길 걷기

[걸으면 힐링되는 뚜벅뚜벅 부산여행]

020	이른 아침 동백꽃 향기 맡으며 동백섬 산책하기
019	APEC 정상처럼 바다 보며 누리마루 앞마당 거닐기
013	바닷가 절벽 위에 놓인 동해남부선 폐선로 산책하기
046	해질녘 감천문화마을 골목길 느리게 걷기
083	온천천 벚꽃길 걸으며 부산의 봄 만끽하기
015	부산국제영화제 기간에 해운대 골목길 어슬렁거리기
052	시간이 멈춘 듯한 이바구길 걸으며 옛 추억에 잠겨보기
001	벚꽃 흩날리는 밤 달빛 아래 문탠로드 걸어보기
050	절영해안산책로에서 두 눈으로 대마도 보기
092	천년고찰 범어사에서 가을 낭만 만끽하기
028	상쾌한 바닷바람 맞으며 마천루 속 갈맷길 걷기

[렌트카로 즐기는 구석구석 부산여행]

032　　신나는 음악과 함께 광안대교 드라이브하기

021　　바다가 보이는 달맞이공원 카페촌에서 오붓한 데이트 즐기기

098　　일몰 명소 다대포해수욕장에서 황홀한 낙조 만나기

030　　명품 해안길에서 영화 같은 부산 야경 바라보기

017　　멋진 등대를 배경으로 CF 같은 기념사진 찍기

004　　수영만 요트경기장에서 홍콩보다 더 멋진 마린시티 야경 촬영하기

070　　천혜의 절경이 기다리는 대변~월전 해안도로 드라이브하기

069　　그림 같은 드림성당에서 영화 같은 일출 보기

068　　포구마다 개성만점! 이색 등대 투어 떠나기

094　　영화 속 그곳 찾아 일일투어 떠나기

봄 여름 가을 겨울, 계절마다 새로운 부산!

[봄]

020　이른 아침 동백꽃 향기 맡으며 동백섬 산책하기

071　멸치축제가 열리는 대변항에서 멸치털이 구경하기

083　온천천 벚꽃길 걸으며 부산의 봄 만끽하기

001　벚꽃 흩날리는 밤 달빛 아래 문탠로드 걸어보기

088　CNN도 감탄한 삼광사 연등축제 구경하기

087　겹벚꽃 활짝 핀 부산시민공원 북카페에서 여유롭게 책 읽기

[여름]

063	송정해수욕장에서 부산 사람처럼 바캉스 즐기기
098	일몰 명소 다대포해수욕장에서 황홀한 낙조 만나기
038	한 여름 밤 아인하이트에서 맛깔스런 생맥주 마시기
006	비 그친 오후 마술 같은 마린시티 야경 찍어보기
035	민락수변공원에서 광안대교 야경 보며 싱싱한 회 먹기
100	다대포 분수광장에서 초대형 분수쇼 구경하기

[가을]

034　　광안리해수욕장 백사장에서 부산불꽃축제 온 몸으로 느껴보기

015　　부산국제영화제 기간에 해운대 골목길 어슬렁거리기

050　　절영해안산책로에서 두 눈으로 대마도 보기

092　　천년고찰 범어사에서 가을 낭만 만끽하기

028　　상쾌한 바닷바람 맞으며 마천루 속 갈맷길 걷기

[겨울]

033 광안리해수욕장에서 바다 위로 불쑥 솟는 태양 보며 소원 빌기

060 천마산 전망대에서 부산 야경 한 눈에 보기

044 광복로 트리축제에서 크리스마스 분위기에 흠뻑 젖어보기

097 철새들의 낙원 을숙도에서 겨울 철새 만나기

079 중앙온천 가족탕에서 여유롭게 온천욕 즐기기

맛집 이름으로 찾아보기

| 089
개금밀면
220 | 016
더베이 101
44 | 083
멜버른
208 | 078
엘레오스
198 | 036
이안
100 |

009
거대
30

031
덩굴 아나고
90

037
몽크
102

027
엘올리브
66

029
정원 해물탕
86

057
공순대
148

072
동래할매파전
186

048
삼진어묵베이커리
130

091
오륙도횟집
224

011
젠스시
34

096
금갈치은고등어
226

073
돼지팥빙수
188

066
송정집
172

053
오스테리아부부
140

055
중남해
144

082
뉴숯불
206

070
로쏘
180

018
수민이네
48

002
옵스
16

017
카페 디아트
46

085
다래성
212

075
르몽드
192

039
씨갈
106

045
우진스낵
124

074
할매국밥
190

024
더 파티
60

014
마산게낙찜
40

038
아인하이트
104

093
유가네닭갈비
228

005
할매집 원조복국
22

마천루 사이로 바다가 보이는 쇼핑 천국
센텀시티

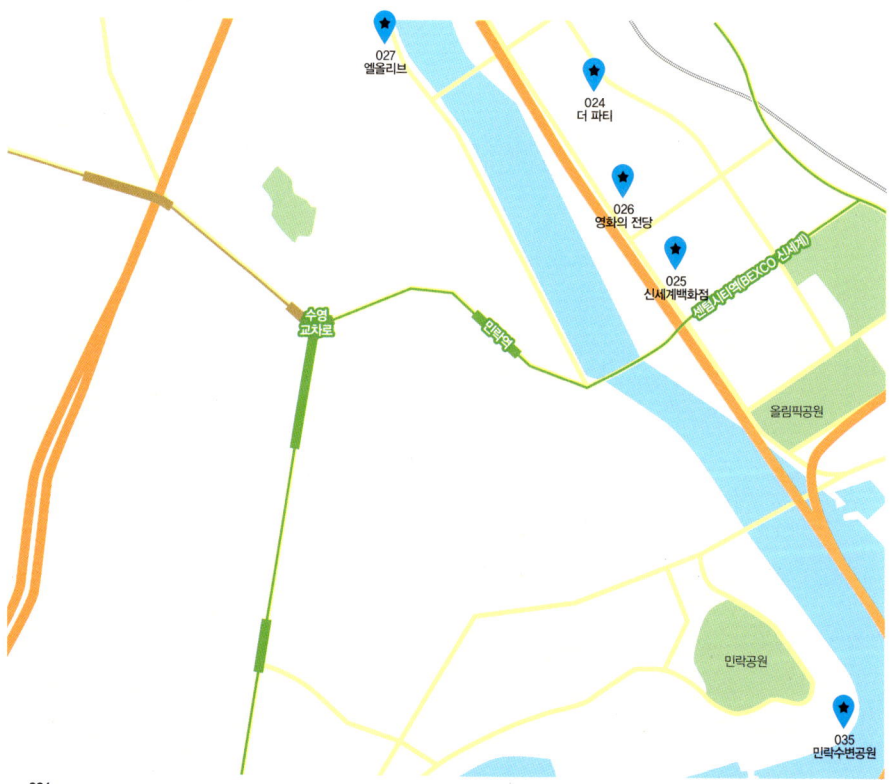

지도로 찾아보기

홍콩보다 멋있고 방콕보다 맛있는 부산 여행의 중심지
해운대

/// **지도로 찾아보기**

젊은이들이 활보하는 활기찬 해변. 영맨들의 아지트
광안리

////// **지도로 찾아보기**

부산여행의 처음과 시작. 부산 사람들의 삶이 오롯이 스며 있는 곳
부산역

100년도 넘은 부산 최초의 해수욕장
송도

///// **지도로 찾아보기**

부산의 참멋을 느낄 수 있는 부산 문화의 중심지
남포동

이국적인 정취가 물씬 풍기는 대도시 속 섬
영도

// 지도로 찾아보기

푸른 바다가 펼쳐진 한적한 어촌마을
기장

로컬들이 사랑하는 호젓한 바닷가
송정

지도로 찾아보기

> 청춘남녀들의 놀이터
> **부산대**

역사와 전통이 살아 숨쉬는 고을
동래

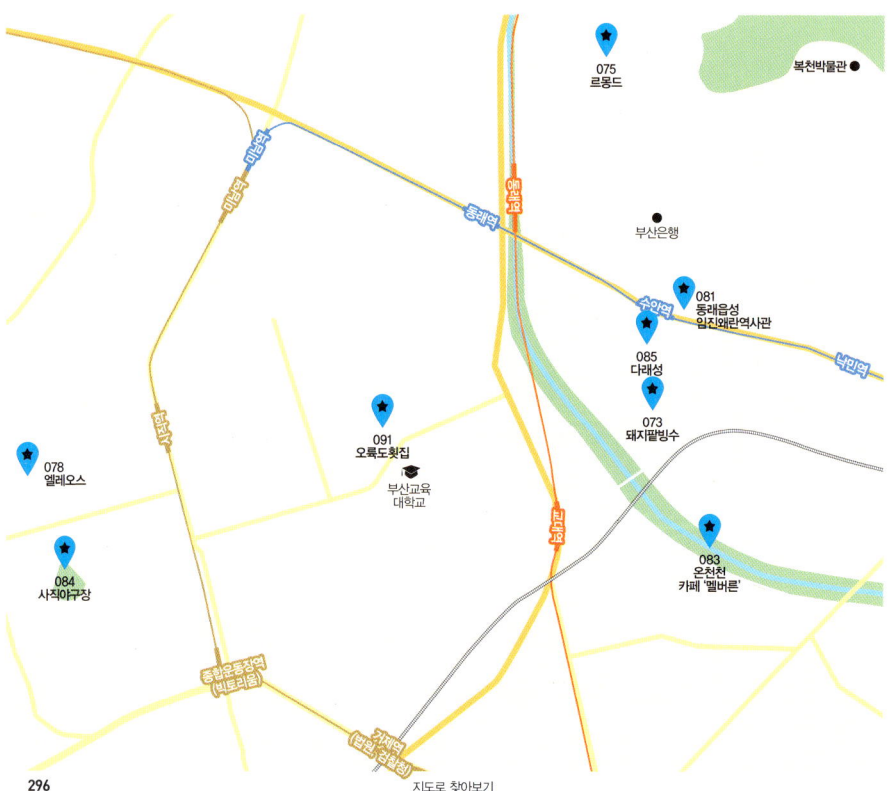

지도로 찾아보기

> 밤이 되면 더 뜨거워지는 사통팔달 교통의 중심지
> **서면**

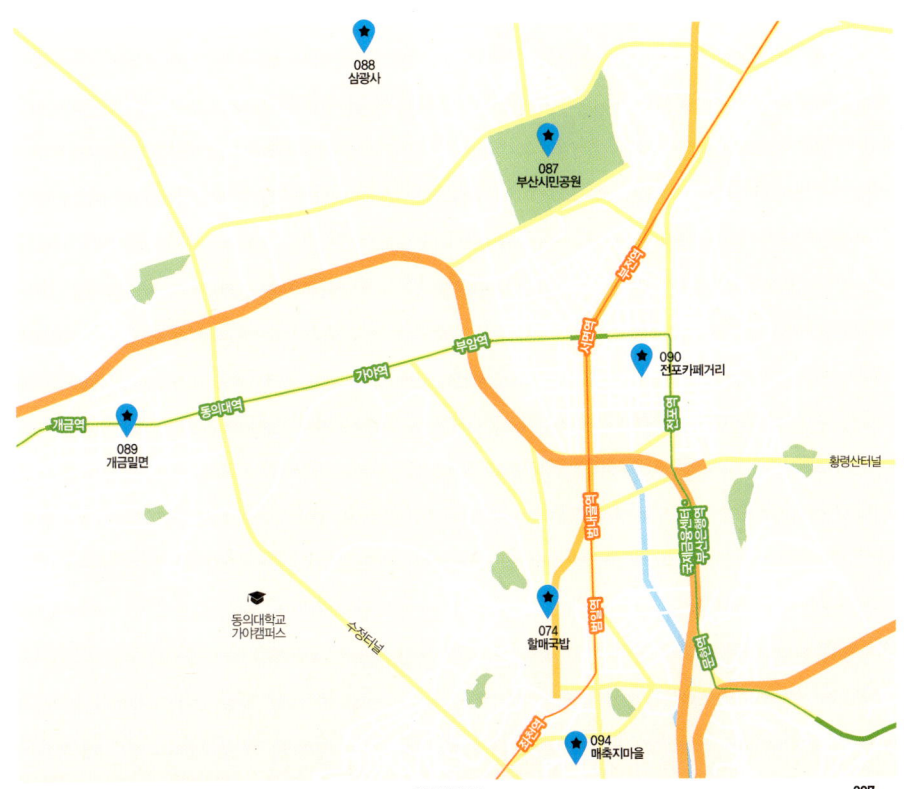

일몰이 아름다운 부산의 리버사이드
서부산

//////// 지도로 찾아보기

서부산 II

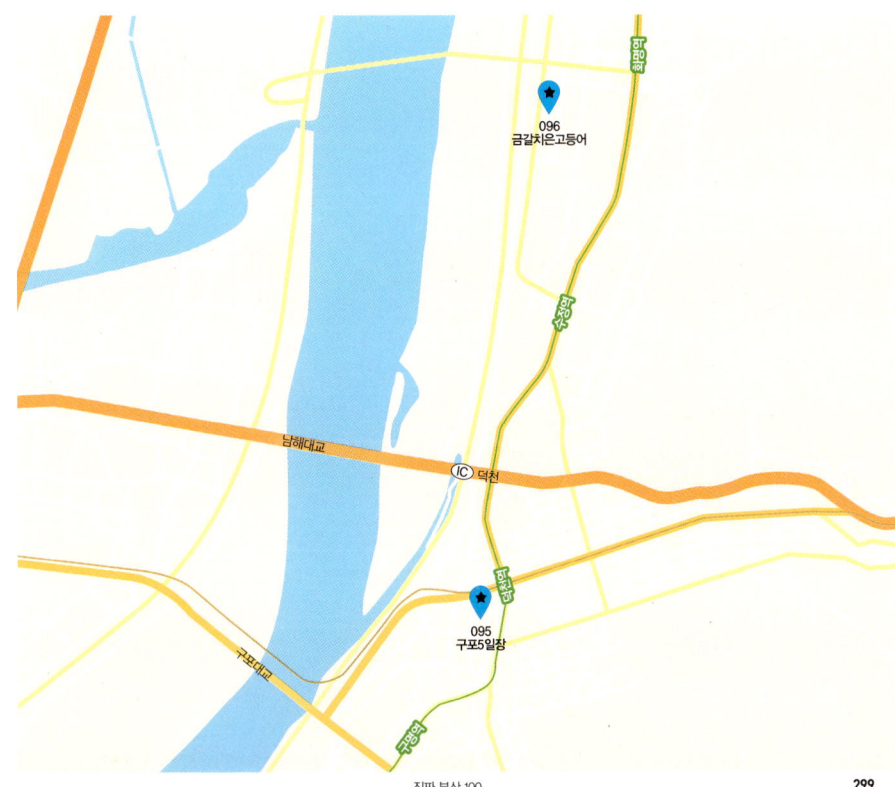

부산 지하철 노선도

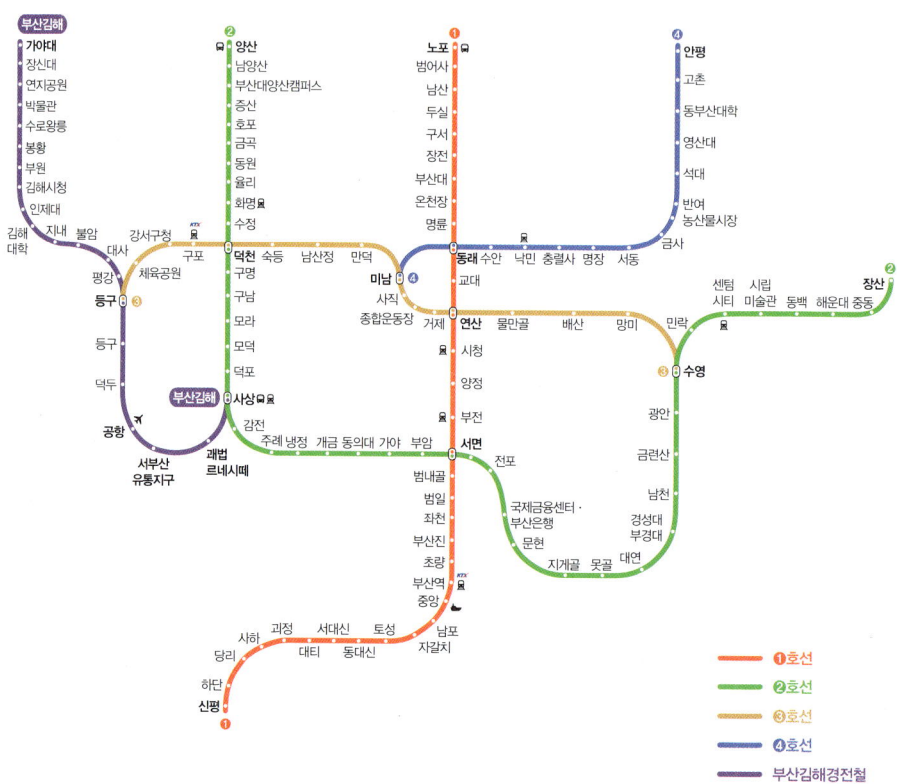